Michael Herbst

Wachsende Kirche

Wie Gemeinde den Weg
zu postmodernen Menschen finden kann

BRUNNEN
Verlag Giessen · Basel

Kirche lebt – Glaube wächst
Herausgegeben vom Projekt „Wachsende Kirche" der Evangelischen Landeskirche
in Württemberg, verantwortlich:
Heinzpeter Hempelmann, Dan Peter, Maike Sachs

2. Auflage 2010

© Brunnen Verlag Gießen 2008
www.brunnen-verlag.de
Lektorat: Uwe Bertelmann
Umschlaggestaltung: Ralf Simon
Umschlagmotiv: Corbis, Düsseldorf
Illustrationen: Rainer Rühl, Alsheim
Grafik „Sinus-Milieus": Sinus Sociovision
Satz: DTP Brunnen
Herstellung: St.-Johannis-Druckerei, Lahr
ISBN 978-3-7655-1417-3

INHALT

Vorwort   7

Wachsende Kirche   9
1. Einleitung   9
2. Der Gemeinde Jesu ist Wachstum verheißen   10
3. „Minuswachstum": Von der schrumpfenden Kirche   11
   3.1 Ostdeutschland   11
   3.2 Westdeutschland   13
4. Innere Veränderungen   15
   4.1 Nicht von der Kirche und ihrer Krise denken,
      als ob es Gott nicht gäbe   15
   4.2 Sich von der Schrift aufklären lassen   16
5. Geordneter Abbau und mutiger Aufbau gleichzeitig   19
6. Eine wachsende Kirche wird eine missionarische Kirche sein   22
7. Handlungsvorschläge   28
   7.1 Eine wachsende Kirche investiert in Menschen
      und ermöglicht geistliche Wachstumsprozesse   28
   7.2 Eine wachsende Kirche passt ihre Strukturen
      den missionarischen Bedürfnissen an   33

Missionarische Verkündigung in der Postmoderne   41
1. Nur das Nötige zum Thema „Postmoderne"   41
   1.1 Peter Høeg hilft uns, auf die Spur zu kommen   41
   1.2 Nur das Nötige zur Postmoderne   42
2. Wie gehen wir mit den Zeiten um?   47
   2.1 Vorsicht vor klassischen Extremen   47
   2.2 Wir sind alle (teilweise) postmoderne Wesen!   49
   2.3 Keine Zeit ist an sich nur gut oder böse   53

3. Wie sieht Mission in postmoderner Zeit aus?   54
   3.1 Inkarnatorische Homiletik – Predigen aus der Wehrlosigkeit
      des Evangeliums   54
   3.2 Gemeinde formen in der Vielfalt der Strukturen   59
   3.3 Plurale Evangelisation   61
4. Emerging Churches – Gemeinden für die Postmoderne?   66
   4.1 Eine unbequeme Provokation   66
   4.2 Der Begriff Emergenz   68
   4.3 Ein Protagonist der Emerging Churches: Robert Webber   69
   4.4 Emerging Churches sind „post" und auch „anti"   70
   4.5 Dan Kimball als ein weiterer Protagonist
      der Emerging Churches   74
   4.6 Was bedeuten die Emerging Churches für die missionarische
      Verkündigung in der Postmoderne?   77

Anhang: Wachstum als Verheißung (Dan Peter)   81
Die Entstehung des Projekts WACHSENDE KIRCHE   81
Projektmitarbeiterinnen und -mitarbeiter   83
Projektziele   84
Themenfelder, Themenschwerpunkte   86

VORWORT

Der vorliegende Band mit zwei Aufsätzen von Michael Herbst bildet den Auftakt einer Buchreihe zum Thema WACHSENDE KIRCHE. WACHSENDE KIRCHE ist gleichzeitig Name und Programm eines Projekts der Evangelischen Landeskirche in Württemberg.

Dieser und die folgenden Bände liefern Grundsatzgedanken, biblische Besinnungen und Anstöße für die Praxis rund um das Projektthema: Wie kann man Menschen unserer Zeit, von denen die meisten ein überraschend großes Interesse an religiösen Fragen zeigen, für den christlichen Glauben (neu) interessieren, sie damit bekannt machen und ihnen erste Glaubensschritte ermöglichen? Dabei ist mit zu bedenken, dass es sich um einen Prozess handeln wird, der auch diejenigen, die bereits zur Kirche gehören, in ihrer Haltung, ihrem Denken und ihrem Handeln verändert. Mit jeder Begegnung, jedem Gespräch und jeder gemeindlichen Aktion, die andere Menschen sucht und zum Glauben einlädt, wächst Kirche. Zunächst in qualitativer und, wie wir im Vertrauen auf Christus zudem hoffen, auch in quantitativer Hinsicht.

Für diese Buchreihe konnten wir kompetente und bekannte Autoren gewinnen. MICHAEL HERBST hat das Projekt WACHSENDE KIRCHE von Anfang an begleitet. Deshalb reißt er zunächst sehr grundsätzlich den Horizont einer wachsenden Kirche auf und geht dann auf die Frage ein, „Wie Gemeinde den Weg zu postmodernen Menschen finden kann".

Wir sind sicher, dass Sie, die Leserinnen und Leser, durch diesen und jeden weiteren Band bestärkt oder neu ermutigt werden, eigene Erfahrungen mit einer wachsenden Kirche in kleineren und größeren Zusammenhängen zu sammeln.

Dem Brunnen Verlag und seinen Mitarbeiterinnen und Mitarbeitern, respektive Herrn UWE BERTELMANN, danken wir, dass trotz einer sehr kurzen Vorbereitungszeit die Erstausgabe pünktlich zum gleichnamigen Kongress am 11./12. April 2008 in Stuttgart erscheint. Einen besonderen

Dank möchte ich an dieser Stelle auch Dr. HEINZPETER HEMPELMANN aussprechen. Auf beeindruckende Weise hat er diese Reihe vorgedacht, die nötigen Kontakte hergestellt und die redaktionelle Betreuung übernommen. Allen Leserinnen und Lesern dieses ersten Bandes wünsche ich Gottes Segen und spannende, anregende Entdeckungen in seinem „großen Garten".

Dan Peter, Kirchenrat
Projektleiter WACHSENDE KIRCHE

WACHSENDE KIRCHE[1]

1. Einleitung

Verehrter Herr Landesbischof, verehrter Herr Präsident, hohe Synode, liebe Schwestern und Brüder,

> „Würdest du mir bitte sagen, wie ich von hier aus weitergehen soll?", fragte Alice im Wunderland. „Das hängt zum größten Teil davon ab, wohin du möchtest", sagte die Katze. „Ach, wohin ist mir eigentlich gleich ...", erwiderte Alice. „Dann ist es auch egal, wie du weitergehst", sagte die Katze.

Dass wir wissen müssen, wohin wir wollen, lernen wir hier von LEWIS CARROLL, auch als Kirche, denn nur wer weiß, wohin er will, wird die nächsten Schritte sinnvoll planen und dann auch tun. Sie haben Ihrer Tagung ein provokantes Thema gegeben: Wachsende Kirche. Sie beraten sogar die Einrichtung einer Stelle, und Sie bedenken den Plan, einen Kongress zu veranstalten. Eine wachsende Kirche steht Ihnen also als Ziel vor Augen. Für diese Perspektive gibt es zunächst auch gute Gründe, denn wir lesen in der Bibel, dass Gott selbst seiner Kirche Wachstum zusagt.

WOHIN WOLLEN WIR?

---

[1] Vortrag vor der Landessynode der Evangelischen Landeskirche in Württemberg am 10.7.2004.

2. Der Gemeinde Jesu ist Wachstum verheißen

These 1: Die Gemeinde Jesu soll nach Gottes Verheißung wachsen: sowohl an Zahl als auch in ihrem Glauben, ihrer Liebe und ihrer Hoffnung. Sie kann um dieses Wachstum bitten und dafür arbeiten. Letztlich aber ist Wachstum Gottes Gabe.

Vom Wachsen ist in der Bibel häufig die Rede. Nicht Rückschritt oder Stagnation werden erwartet, sondern Wachstum, und zwar Wachstum der Einzelnen wie der ganzen Gemeinde. Dabei wechseln qualitative mit quantitativen Aussagen: Paulus schreibt, dass der Glaube und die Früchte der Gerechtigkeit wachsen sollen (2 Kor 10,15; 9,10). Ja, die Gemeinde soll in der Erkenntnis wachsen (Kol 1,10). Hinter dem Wachstum der Gemeinde in Glaube, Liebe und Hoffnung steht Gott, das ist feste Überzeugung der ersten Christen: Durch Gottes Wirken wächst der Leib Christi (Kol 2,19). Zum Wachstum gehört aber auch, dass immer mehr dazukommen. „Seid fruchtbar und mehret euch" (Gen 1,28) – das gilt im übertragenen Sinn auch für die Kirche! Die Gemeinde wächst, indem immer wieder Menschen „hinzugetan" werden. Es wächst also auch die Zahl derer, die glauben (Apg 5,14; 12,24). Dieses und jenes Wachstum kann nun auch Ziel unseres Tuns werden. Wachstum darf man wollen: „Lasst uns aber wahrhaftig sein in der Liebe und wachsen in allen Stücken zu dem hin, der das Haupt ist, Christus, von dem aus ... der Leib wächst und sich selbst aufbaut in der Liebe" (Eph 4,15+16).

WACHSTUM IN DER BIBEL

Wachstum ist also etwas Normales: Der Leib wächst in Glaube, Liebe und Hoffnung, aber auch in der Zahl. Dahinter steht Gott, der Wachstum und Gedeihen schenkt, aber auch das Tun derer, die zum Leib Christi gehören und deren Tun Gott in Dienst nimmt. Am klarsten wird das alles vielleicht am Gleichnis vom Sämann und dem vierfachen Ackerfeld (Lk 8,4-8). Großzügig streut der Sämann den Samen auf den Acker der Welt, und trotz mancher Rückschläge und schwieriger Böden fährt er am Ende eine reiche Ernte ein. Wachstum ist verheißen!

So weit, so gut! *Bibelkundlich* sind wir damit auf dem Stand der Dinge. In *unseren Tagen* aber von einer wachsenden Kirche zu reden, könnte wie das Pfeifen ängstlicher Kinder im Wald wirken. Denn die Wahrheit ist doch, dass wir nicht eine wachsende Kirche, sondern das Schrumpfen der Kirche erleben.

3. „Minuswachstum": Von der schrumpfenden Kirche

3.1. Ostdeutschland

These 2: Im Osten Deutschlands ist die Kirche massiv geschrumpft: Die dritte nach-konfessionelle Generation steht dem christlichen Glauben ahnungslos und skeptisch gegenüber. Die Lage der Kirche in Ostdeutschland ist nicht mehr volkskirchlich, sondern missionskirchlich (Wolfgang Huber).

Es erscheint in unseren Tagen fast so plausibel, von einer wachsenden Kirche zu sprechen, wie nach der Fußball-EM 2004 zu behaupten, die deutsche Mannschaft strebe mit festem Schritt die Krone bei der WM 2006 an, und Ballack, Lahm und Kuranyi würden einen so begeisternden Fußball zeigen, dass man nur bester Dinge sein könne im Blick auf die Zukunft.

Als Greifswalder Theologe lebe ich in einer schrumpfenden Kirche. Das Schrumpfen hat seinen Anfang im 19. Jahrhundert genommen, als mit der bäuerlichen Kultur auch der Boden der kirchlichen Kultur verloren ging. Die DDR vollendete nur, was viel eher begonnen hatte: Ein innerlich nie recht angenommenes Christentum wurde vom SED-Regime schnell hinweggefegt. Wer nur formal zur Kirche gehörte, war in der Regel dem Widerstand des programmatischen Atheismus nicht gewachsen. Vor allem die Vertriebenen aus Hinterpommern belebten nach dem Krieg das kirchliche Leben. Der Glaube wurde den Menschen dann aber gründlich ausgetrieben: Er widerspreche dem wissenschaftlichen Weltbild, und er stehe der Erneuerung der Gesellschaft im Wege. Heute treffen wir auf die Kinder und Enkel derer, die damals aus Kirche und Christentum auswanderten. Wir stoßen auf eine Generation, für die Konfessionslosigkeit der Normalfall ist. Erstaunen erregt nur die Auskunft, man gehöre zur Kirche. Unsere Jüngste war eines von drei oder vier Kindern in der Klasse, die konfirmiert wurden. Der klassenweise Gang zur Jugendweihe erstaunt dagegen niemanden und wird nach wie vor gefördert.

NORMALFALL: KONFESSIONSLOS

„Verstehen Sie sich als atheistisch oder christlich?", wurden Passanten am Leipziger Hauptbahnhof gefragt. Eine Antwort lautete: „Weder noch, normal halt."[2] Vielleicht geht da sogar der Begriff der „Gottesvergessenheit" nicht weit genug, da wir es mit Menschen zu tun haben, denen das Evangelium als „einladendes Lebensangebot" noch nie begegnet ist.

Das Minuswachstum in Pommern setzt sich auch heute fort. Zwar ist das Potenzial für Kirchenaustritte fast erschöpft, aber die wirtschaftlichen Engpässe erzeugen ein neues Minuswachstum: Wer in andere Regionen gehen kann, geht! Die Abwanderung entzieht auch der Kirche den Nachwuchs. Unter dem Strich zeigt sich das alles in nüchternen Zahlen: Zu unserer Pommerschen Kirche gehören noch etwa 110.000 Menschen, das sind etwa 20% der Bevölkerung. In der Hansestadt Stralsund mit etwa 60.000 Menschen wurden 2002 gerade 38 Jugendliche konfirmiert, während 564 zur Jugendweihe strömten. Wir taufen in Pommern nur noch jedes 10. der sowieso nicht sehr zahlreichen Neugeborenen.[3] Neu eingeführt wird in Greifswald dagegen wieder die Namensweihe für Neugeborene.[4] Nur noch etwa 10.000 der Mitglieder unserer Kirche sind unter 18, das Schwergewicht liegt bei den über 60-Jährigen.

---

[2] MONIKA WOHLRAB-SAHR: Religionslosigkeit als Thema der Religionssoziologie. In: PTh 90 (2001), 152-167, hier: 152.

[3] Zahlen nach: HANS-JÜRGEN ABROMEIT: Wahrnehmungen aus dem Bischofsamt in Ostdeutschland. In: LVK-Forum 3/2002, 26-30.

[4] Ostseezeitung vom 8.1.2004.

Im Osten leben wir nicht mehr in volkskirchlichen Verhältnissen, sondern in missionskirchlichen Verhältnissen (W. HUBER).[5] Darum wird zunehmend der Grundauftrag der Kirche, nicht für sich da zu sein, sondern für andere, die Gott noch nicht kennen, neu durchbuchstabiert.[6] BISCHOF ABROMEIT in Greifswald sagt: „Wir leben in einer Situation, die uns missionarisch fordert."[7] Sie fordert uns so, wie es BON-HOEFFER bereits 1944 formulierte: „Wie kann Christus auch der Herr der Konfessionslosen werden?"[8]

MISSIONSKIRCH-LICHE VERHÄLTNISSE

3.2 Westdeutschland

These 3: Auch im Westen zeigen sich nach langen Emigrations- und Erosionsprozessen die Symptome einer kleiner werdenden Volkskirche. Bei aller Dankbarkeit für das noch Gegebene gilt: Das „religiöse Monopol" ist nicht mehr gegeben. Kirche findet sich wieder auf einem Markt der Anbieter von Sinn, Trost, Wahrheit und religiösem Erlebnis und muss ihre universale Botschaft von einem partikularen Standort aus zu Gehör bringen. Auch hier naht das Ende des „Konstantinischen Zeitalters".

---

[5] WOLFGANG HUBER: Volkskirche. TRE XXXV, 253.
[6] HELMUT ZEDDIES (Hg.): Kirche mit Hoffnung. Leitlinien künftiger kirchlicher Arbeit in Ostdeutschland. Hannover 1998; Wachsen gegen den Trend. Auf dem Weg zu einer missionarischen Kirche, hg. vom *Büro der Landessynode der Evangelischen Kirche in Berlin-Brandenburg*. Berlin 1998; Leitlinien kirchlichen Handelns in missionarischer Situation, hg. von der *Evangelischen Kirche in Berlin-Brandenburg*. Berlin 2001.
[7] HANS-JÜRGEN ABROMEIT, a. a. O., 27.
[8] Aus einem Brief DIETRICH BONHOEFFERS an EBERHARD BETHGE vom 30. April 1944. In: Widerstand und Ergebung. München 1970, 305-308, Zitat 306.

Ich möchte gar nicht all die Fakten nacherzählen, die auch im Westen zu Traditionsabbrüchen führen: die Emigration aus der Kirche, mindestens in die Halbdistanz, oft aber über die Grenzen der Kirche hinaus, und die Erosion in der Praxis des Glaubens, also etwa in der Weitergabe des Glaubens in der Familie und in der Fähigkeit, über den eigenen Glauben Rechenschaft zu geben.

Die westdeutsche Lage ist anders, zumal es an vielen Orten noch relativ gesunde volkskirchliche Verhältnisse gibt, etwa auch hier bei Ihnen in Württemberg – mit großartigen Möglichkeiten. Aber durch die Traditionsabbrüche und das kulturelle Gesamtklima hat

KIRCHE AUF DEM
MARKT

sich auch hier etwas fundamental verändert. Um es in der Sprache des Marktes zu sagen: Die Kirchen befinden sich in einer neuen Situation, weil sie das uralte Religionsmonopol verloren haben und sich nun plötzlich auf einem Markt religiöser Optionen wiederfinden. Ob es ihnen gefällt oder nicht, sie müssen sich plötzlich um ihre „Abnehmer" mühen und sie umwerben. Warum soll jemand bei der Kirche und nicht beim weltlichen Beerdigungsredner Trost suchen? Warum soll jemand bei der Kirche und nicht im esoterischen Wellness-Tempel Kraft tanken? Ob es der Kirche gefällt oder nicht, die Menschen verhalten sich wie Kunden: Sie haben die Wahl und wollen überzeugt werden. Das gilt umso mehr, je größer ihr Abstand zur Kirche ist. Auf dem Markt hat Kirche eine partikulare Lage, auch wenn ihre Botschaft eine universale Reichweite beansprucht.

Für die Kirche in Deutschland geht mit dem Konstantinischen Zeitalter eine Epoche zu Ende. Es ist nicht mehr selbstverständlich, zur Kirche dazuzugehören. Es ist auch nicht mehr selbstverständlich, dass das öffentliche Leben kirchlich durchprägt wird. Und für die Menschen heißt das: Das Christentum ist nicht mehr selbstverständliches Erbe. Es ist eine Wahlmöglichkeit unter anderen. Und für die Kirchen bedeutet das: Die Zugehörigkeit zur Kirche wird immer weniger durch die Kultur gestützt, sie muss immer stärker von der Person, vom Einzelnen selbst gewollt, getragen und erhalten werden. Wir sind sehr weit vorangeschritten auf dem Weg von einem „kulturgestützten" zu einem „persongestützten" Christentum. Wir müssen Abschied nehmen von der Selbstverständlichkeit des Christlichen in der Gesellschaft.

Das Konstantinische Zeitalter ist zu Ende

Dann aber wäre unser Reden von der wachsenden Kirche nur der verdeckte Ausdruck unserer Sorge, ja unserer Angst, was denn kommt, wenn es mit der uralten Gestalt der Kirche zu Ende geht. Oder?

4. Innere Veränderungen

4.1 Nicht von der Kirche und ihrer Krise denken, als ob es Gott nicht gäbe

These 4: Die größte Versuchung besteht darin, „gottlos" von dieser Krise der Kirche zu denken und in ihr nicht Gottes Ruf zu hören bzw. mit Gottes Möglichkeiten zu rechnen. Dann würde die Krise der Kirche „fest-gestellt".

Worin besteht die große Versuchung der Kirche? Um es in der Sprache der Politiker zu sagen: Die Versuchung besteht darin, dass nicht nur „die Menschen da draußen im Land" die Welt und das Leben so anschauen, als ob es Gott nicht gäbe („etsi deus non daretur"), sondern dass auch wir in der Kirche die Kirche so anschauen, als ob es Gott nicht gäbe. Anders gesagt: Wir lassen uns nur zu leicht von der Gottesvergessenheit anstecken. Diese Variante des Unglaubens haben auch Pfarrerinnen und Kirchengemeinderäte, Theologieprofessoren und Hauskreisleiterinnen nicht hinter sich. Werden wir von der Gottesvergessenheit infiziert, dann beginnen wir, auch die eigene Krise anzuschauen, als ob es Gott nicht gäbe. Wir werden dann, je nach Lage und Mentalität, hektisch betriebsam oder resigniert passiv auf die Gegebenheiten reagieren. Wir werden

uns aber nicht von Gottes Geist inspirieren lassen, der das Vertrauen zu
Gott stärkt und nüchterne Schritte tun lehrt. Wir drohen „Gott in der
Krise"[9] zu vergessen und rechnen nicht mehr mit seinen Möglichkei-
ten, die Krise auch zum Wendepunkt zu machen. Die Wirklichkeit der
Kirche, wie sie jetzt ist, wird dann im wahrsten Sinne des Wortes „fest-
gestellt". Die Krise als Wendepunkt bedeutet aber eben auch: Weil Gott
Kirche will und Kirche erhält, wird er vielleicht dieses oder jenes Kir-
chentum sterben lassen, aber dann die Kirche Jesu Christi in neuer Ge-
stalt auch neu aufblühen lassen. Es mag dann ein kirchliches Zeitalter zu
Ende gehen, aber das ist nicht das Ende der Möglichkeiten Gottes.

4.2 Sich von der Schrift aufklären lassen

These 5: Nicht Resignation, nicht Flucht in Träume kann uns weiter-
bringen. Es bringt uns weiter, wenn wir uns als Angefochtene neu
betend von der Bibel aufklären, heilsam zurecht- und auf den Weg bringen lassen.

SICH DURCH DIE
BIBEL AUF DEN WEG
BRINGEN LASSEN

Die Alternative zu unserer eigenen Gottesvergessenheit besteht nicht darin, uns in positivem Denken zu
üben oder uns Illusionen hinzugeben. Die Alternative besteht nicht darin, die Augen zu verschließen vor
den Schrumpfungsprozessen. Sie besteht nicht in verzweifeltem Bemühen. Sicher ist denen zuzustimmen, die uns nahelegen, nach Visionen
für die Kirche zu trachten. Das tut z. B. der katholische Pastoraltheolo-
ge PAUL ZULEHNER:[10]

---

[9] So formuliert ganz ähnlich die Leipziger Systematische Theologin GUNDA SCHNEI-
DER-FLUME, Kirche und Theologie im Osten Deutschlands. In: BThZ 20 (2003), 113.
[10] PAUL M. ZULEHNER und JOSEF BRANDNER: „Meine Seele dürstet nach dir" – Got-
tesPastoral. Ostfildern 2002, 50-57.

„Moderne Organisationsentwicklung lehrt, dass ein Unternehmen, das vorankommen will, wissen muss, wo es hin will. Dazu braucht es … eine *mission*, die aus der Vision kommt. Die Vision ist dann aber nichts anderes als der Stern, der den Weisen voranging und dem folgend sie beim gesuchten Kind an der Krippe ankamen (vgl. Mt 2,1-12).“[11]

Ohne Frage sind Visionen wichtig. Eine Vision vermag Passion zu erzeugen. Sie weckt Leidenschaft für das Erträumte. Und sie schafft Prioritäten: Wir wissen nun, wozu wir Ja sagen und wozu wir Nein sagen. Gute Ideen, die uns kommen, werden sortiert. Stimmen sie nicht zur Vision, sagen wir: „Gute Idee, machen wir auch nicht!“ Sagt man uns von außen: „Aber da muss sich doch die Kirche engagieren“, so folgen wir nicht jedem Ruf und beugen uns nicht jeder Zumutung. Damit werden auch die Kräfte gebündelt und nicht zerstreut.

Aber Visionen an sich sind noch nicht der Ausweg. Die biblischen Propheten hatten alle Hände voll zu tun, die Träume ihrer Zeitgenossen als Trugbilder zu entlarven. Für Jeremia bestand geradezu ein Grundgegensatz zwischen den eigenen Träumen und dem Wort Gottes (Jer 23,28). Jesus hatte zu kämpfen mit den Traumbildern seiner Jünger, die nach der Macht strebten und sich die Thronplätze neben ihm sichern wollten (Mk 10,37). Visionen an sich sind es also noch nicht.

Die Alternative besteht darin, uns neu von Gott selbst über uns als Kirche aufklären zu lassen. Wir

DIE ANFECHTUNG TREIBT UNS NEU IN DIE SCHRIFT

müssen als angefochtene Kirchenleute in die Schrift schauen und dort erfahren wir, wer wir in Wahrheit sind und was wir von unserer Zukunft erwarten dürfen. Christen sind nach Luthers Einsicht Menschen, deren Leben von Gebet, Schriftbetrachtung und Anfechtung bestimmt wird. Von *oratio*, *meditatio* und *tentatio*, so hat er 1539 geschrieben. Als An-

---

[11] PAUL M. ZULEHNER: Aufbrechen oder Untergehen. So geht Kirchenentwicklung. Das Beispiel des Passauer Pastoralplans. Ostfildern 2003, 36-37.

gefochtene suchen wir in der Schrift betend nach neuer Inspiration und Orientierung – und auch nach Korrektur. Als Betende lassen wir uns befragen und auch zurechtbringen, lassen uns korrigieren und auch zur Buße führen. Ohne Hinkehr zu dem, was Gott will, ohne Hinkehr zu seinem Willen in Verheißung und Gebot kann eine Kirchengestalt auch sterben – nicht wachsen, wohl aber sterben!

These 6: Dabei entdecken wir, wie Gott in der Krise den nötigen Wandel und neues Wachstum anbahnt. In der Apostelgeschichte wird z. B. das Wachstum der Gemeinde Jesu häufig durch Entwicklungen in Gang gebracht, in denen die Gemeinde gezwungenermaßen auf existenziell bedrohliche Krisen antwortet.

Anders gesagt: Diese Gemeinde wuchs, weil sie sich wandeln musste. Sie geriet in Krisen, ja in Gefahr. Aber mitten in der Krise führte Gott seine Kirche zu neuem Wachstum. Sie konnte nicht mehr zurück, Altes war unwiederbringlich verloren, aber gerade so eröffnete sich das Neue für die Gemeinde, zuweilen ein Neues wider Willen, das erst nach einiger Überredung angenommen wurde.

DURCH DIE KRISE ZU NEUEM WACHSTUM

Wir können das schnell überprüfen:

- In Apg 6 wird das Diakonenamt eingeführt. Es ist die Antwort der Gemeinde auf die Krise, die durch das Aufbegehren einer Gruppe vernachlässigter hellenistischer Witwen entstand. Als die Strukturkrise überwunden ist, wächst die Gemeinde auch wieder.
- In Apg 8 wird vom Beginn der Mission in Samaria berichtet. Aber das geschieht, nachdem und weil die Gemeinde in Jerusalem verfolgt wurde und sich viele der Christen über ganz Judäa und Samaria verstreuten.
- In Apg 10 wird Petrus zum Missionar des römischen Spitzensoldaten Kornelius. Aber das wird er nur nach einer tief greifenden persönlichen Krise, die sein Bild vom Evangelium und dem Dienst als Zeuge des Auferstandenen auf den Kopf stellte.

▓ In Apg 18 hat Paulus in Korinth bestenfalls mäßigen Erfolg zu ver-
buchen. Achtkantig ist er aus der Synagoge hinausgeflogen. Aber in
der Nacht begegnet ihm der Auferstandene, spricht ihm Mut zu, fordert ihn auf, ja nicht zu schweigen, sondern weiter zu predigen, und
verheißt ihm: Ich habe ein großes Volk in dieser Stadt (18,9f). Wachsende Kirche – und es ist doch nichts davon zu sehen, sie ist nur im
Zuspruch des Auferstandenen da. Aber daraufhin hat Paulus ein-
einhalb Jahre in Korinth gepredigt und Gemeinde gebaut. Mit dieser
Zusage im Rücken, der er mehr traute als dem, was er sah.
Zweierlei ist wesentlich an dieser neuen Perspektive: Zum einen erspart
sie der Gemeinde nicht die schmerzhaften Abschiede vom Alten. Zum
anderen erspart sie der Gemeinde auch nicht das ordentliche Arbeiten
für ihre Zukunft. Aber für beides gibt Gottes Verheißung den Mut und
den langen Atem. Diese alten Geschichten haben offene Ränder, sie sind
noch nicht zu Ende erzählt. Sie legen uns vor, was Gott zu tun in der
Lage und zu tun bereit ist.

5. Geordneter Abbau und mutiger Aufbau gleichzeitig

These 7: „Downsizing" ist unvermeidbar und muss professionell und
kirchenverträglich organisiert werden. Daneben aber braucht die Kirche, die aufgrund der Verheißungen Gottes wachsen will, den Mut auf-
zubrechen und Neues zu wagen – und dafür auch zu investieren.

Was kann nun aber der Kirche in Württemberg geraten werden? Es ist
nicht sinnvoll, Ihnen ein paar einfache Ratschläge zu übergeben. Es geht
nur in einem Bündnis für die wachsende Kirche. Da müssen missions-
orientierte Theologen ein Bündnis eingehen mit Diakonikern und Bil-
dungsfachleuten, da brauchen wir die, die etwas von den Kindern verstehen, und die, die sich mit dem Zukunftsthema Nr. 1 befassen, dem
Methusalemkomplex unserer Gesellschaft.

Bisher geht es oft so: Wir hören miteinander Predigten und Vorträge. Dann, nach den Predigten und nach den Reden auf Synoden und Kirchentagen gehen alle wieder an die richtige Arbeit, **RETTEN, WAS ZU** und die leisten die Verwaltungen und die Struktur- **RETTEN IST?** ausschüsse. Sie machen Vorschläge für den geordneten Rückzug, den Abbau der Pfarrstellen, den Verzicht auf Dienstleistungen, die Kürzungen der Budgets. So erwecken wir zuweilen den Eindruck, dass wir mit großer Ernsthaftigkeit bemüht sind, zu retten, was zu retten ist. Unser Bestreben ist es, auf kleinerem Niveau etwas von dem zu bewahren, wofür Kirche steht, möglichst als Volkskirche. Das aber geht nur mit bitteren Einschnitten. Wir sind wirtschaftlich gesprochen mit „Downsizing", also dem Herunterfahren des Vorhandenen beschäftigt.

Und das ist auch nicht das Problem, denn es wäre nicht nur fahrlässig und unnüchtern, sondern auch respektlos gegenüber denen, die mit spitzem Bleistift rechnen müssen, wenn wir so täten, als wäre das nicht nötig. Ohne Frage ist „Downsizing" nötig. Wir müssen abbauen, Schrumpfungsprozesse organisieren, damit nicht ungeordnet wegbricht, was auf keinen Fall wegbrechen darf. BISCHOF AXEL NOACK aus Magdeburg sagt sogar, wir müssten lernen, fröhlich kleiner zu werden.[12] Das Problem ist eher, dass sich unser Tun im wahrsten Sinne des Wortes darin erschöpft. PAUL ZULEHNER ruft: „Kein Aufbruch droht!"[13] Wir müssten die Kraft aufbringen, zeitgleich und parallel den Abbau und den Aufbau zu organisieren. Es wird kein Wachstum geben, wenn wir nur „downsizen". Es wird nur Wachstum geben, wenn wir zugleich an einigen Stellen konzentriert, mit gefalteten und mit zupackenden Händen, aufbrechen und uns in Richtung auf neues Wachstum bewegen.

---

[12] BISCHOF AXEL NOACK bei der Semestereröffnung der Theologischen Fakultät Greifswald am 13.10.2003.

[13] PAUL ZULEHNER: Aufbrechen oder Untergehen. Wie können unsere Gemeinden zukunftsfähig werden? In: MICHAEL HERBST u.a. (Hg.): Missionarische Perspektiven für eine Kirche der Zukunft. Neukirchen-Vluyn 2005 (BEG, Bd. 1), 18.

Der ganze Satz des Bischofs aus Magdeburg lautet nämlich so: Fröhlich kleiner werden müssen wir – und dabei wieder wachsen wollen!

Neben schmerzhaften Einschnitten ist auch Investition nötig. Das aber heißt: Vielleicht müssten wir über das Nötigste hinaus noch etwas mehr einsparen und das Eingesparte tapfer investieren in Zukunft, in Hoffnung auf eine wachsende Kirche.

Ein erster Investitionsvorschlag: **Neben dem nötigen Umbau und dem schmerzhaften Abbau sollte die Kirche investieren, und zwar in geistliche Prozesse auf der Ebene der Gemeinden und Werke, die zu biblisch inspirierten Visionen führen. In Westfalen und im Rheinland geschieht dies z. B. mit der sogenannten Perspektiventwicklung.**

Dabei versammeln sich Leitungsgremien, Hauptamtliche, Engagierte, Interessierte und auch Neugierig-Kritische und durchlaufen einen Parcours geistlichen Entdeckens: Wo stehen wir zurzeit? Welches biblische Wort macht uns Hoffnung für unsere Zukunft? Wie sieht darum das Zielfoto aus? Anders gesagt: Was sehen wir vor uns, wenn man unsere Gemeinde in fünf Jahren filmen könnte? Und welche Maßnahmen müssen wir dazu ergreifen? Was müssen wir lassen, was neu anfangen, was verstärken? So geschieht dann auch ein „prophetischer Umgang mit der Bibel" (PETER BÖHLEMANN), mit der Zuversicht, dass Gott einen Plan mit der konkreten Gemeinde hat und dass er diesen Plan im Prozess der Gruppe, die betend und fragend die Bibel liest, aufdeckt.

INVESTIEREN IN PROZESSE GEISTLICHEN ENTDECKENS

6. Eine wachsende Kirche wird eine missionarische Kirche sein

These 8: Nicht als „Hobby der besonders Frommen", sondern als Grundauftrag der ganzen Kirche geht es um Mission: Mission ist nicht deshalb nötig, weil es der Kirche schlecht geht, sondern weil Gott sich nach den Menschen sehnt (Lk 19,1-10). Aus der Perspektive der Gewinner von Mission wird deutlich, dass es ohne gelungene Mission nicht zu gesunden Glaubensbiografien käme.

Mission ist in den letzten Jahren aus der Schmuddelecke herausgeholt worden. Auf der EKD-Synode 1999 hat EBERHARD JÜNGEL[14] kräftige Worte gefunden für eine missionsmüde Kirche:

„MISSION – HERZSCHLAG DER KIRCHE" (E. JÜNGEL)

„Wenn Mission und Evangelisation nicht Sache der ganzen Kirche ist oder wieder wird, dann ist etwas mit dem Herzschlag der Kirche nicht in Ordnung. ... Die Kirche ... kann als die von seinem Geist bewegte Kirche nicht existieren, wenn sie nicht auch missionierende und evangelisierende Kirche ist oder wieder wird."[15] Mission darf nicht das „Hobby" einer bestimmten theologischen Richtung sein.

Mission ist aber nicht deshalb nötig, weil es zurzeit der Kirche nicht gut geht. Wir haben es bei diesem Thema vielmehr mit Gottes unbändiger Sehnsucht nach Menschen zu tun. Diese Sehnsucht äußert sich in jenem „muss", das Jesus bewegt, wenn er zu Zachäus sagt: „In deinem Hause muss ich heute einkehren" (Lk 19,5). Oder wenn er den Leuten von Kapernaum widerspricht, die „ihren Jesus" gerne für sich behalten wollen, die gerne unter sich wären als eine Gemeinde, in der man sich

---

[14] EBERHARD JÜNGEL: Referat zur Einführung in das Schwerpunktthema. In: Kirchenamt der EKD im Auftrag des Präsidiums der Synode (Hg.): Reden von Gott in der Welt. Der missionarische Auftrag der Kirche. EKD-Synode 1999. Hannover und Frankfurt/Main 2000, 14-35.

[15] A. a. O., 15.

wohlfühlt. Jesus aber muss weiterziehen in die anderen Städte, die auch von der Liebe Gottes hören müssen (Lk 4,43). Im Missionsbefehl tritt uns diese Sehnsucht entgegen und artikuliert sich in dem umfassenden Wunsch Gottes, alle Menschen möchten Jünger Jesu werden. Dabei geht es um die alle einschließende Liebe Gottes. Es geht nicht um den Ausschließlichkeitsanspruch der christlichen Kirche, es geht um die wundersame Tatsache, dass Gottes Liebe alle einschließt: Keiner ist ausgeschlossen, wenn es heißt: Macht alle zu Jüngern. Allen wird die Erfahrung gegönnt: „Ich bin ein von Gott geliebter Mensch, mein Leben ist wertvoll. Ich darf um Christi willen leben." Allem Volk gilt das Evangelium und darum ist auch allem Volk das Evangelium zu bezeugen.[16] Das ist das Herz unseres Themas und der tiefste Grund, warum auch Gott von einer wachsenden Kirche träumt.

> **MISSION: WEIL GOTT** *ALLE* **MENSCHEN LIEBT**

Was ist nun die Aufgabe der Missionare? Eine kleine Szene im Markusevangelium (10,46-52) macht uns auf das Wesentliche aufmerksam: Als die Umherstehenden aufhören, Bartimäus von Jesus fernzuhalten, da werden sie zu Missionaren, denn sie rufen ihm zu: Sei getrost! Steh auf! Jesus ruft dich! Das tun Missionare, sie geben einen Ruf in die Nähe Jesu an andere Menschen weiter: Sei getrost! Steh auf! Jesus ruft dich! Und Mission erreicht ihr Ziel, wenn Menschen aufstehen, getrost werden und sich Jesus anvertrauen.[17]

Begegnen wir dann Menschen, die gerne Christen sind und fröhlich glauben, dann erzählen sie uns nicht vom religiösen Hausfriedensbruch, sondern berichten, dass da – Gott sei Dank – Menschen waren, die sie auf ihrer geistlichen Reise begleitet haben. Wer glaubt, berichtet darum in der Regel von gelungener Mission. Er erzählt von den Menschen, die in seinem Leben Missionare waren. Oft ist es die Mutter, die am Bett betete, der Religionslehrer, der Zweifel ernst nahm und doch zu glauben

---

[16] These 6 der *Barmer Theologischen Erklärung*.

[17] So legt BURKHARD WEBER, Direktor des Johanneums in Wuppertal, diese Stelle im Blick auf Evangelisten aus. Mündlich übermittelt.

schien, der Leiter in der Jugendgruppe, der zu begeistern wusste, die Gemeinde, die in der Not da war und diakonisch half, der Pastor, der freundlich und störrisch zum Glaubenskurs einlud. Wir haben uns angewöhnt, mehr vom Missbrauch der Mission zu reden und zu wenig von den „Gewinnern der Mission", den glaubenden Menschen, die es ohne Mission nicht gäbe.

„GEWINNER" VON
MISSION

Ich erzähle nur andeutend von solchen Menschen im Umfeld unseres missionarischen GreifBar-Gottesdienstes in Greifswald:

- Da ist MARTIN[18], ein 40-jähriger Musiker, konfessionslos, der auf einem Feuerwehrfest vom Pfarrer angesprochen wird. „Ich brauche Sie als Musiker für ein neues, modernes Gottesdienstprojekt. Haben Sie nicht Lust mitzumachen?" Er hörte dies, wie er später erzählte, „wie eine Berufung", fand zum Glauben und bezeugt diesen Glauben nun in der Popkulturszene in Greifswald. Seine Geschichte als „Gewinner" von Mission: „Ich werde gebraucht. Ich habe etwas Wertvolles." (nicht: Wir haben etwas, was du nicht hast!).

- Da ist HORST, ein 50-jähriger Koch, der nach einem GreifBar-Gottesdienst auf die Kommentarkarte schrieb: Dies war der erste Gottesdienst in meinem Leben – und es war so bewegend! So viel Liebe. Ihn sprach besonders der Segen an (nicht die Predigt!). Seine Geschichte als „Gewinner" von Mission: „Ich bekomme Kraft für meinen Alltag, die Dinge noch einmal neu und anders anzupacken." In der Osternacht haben wir ihn getauft.

- Da ist SILKE, eine 35-jährige Sekretärin, konfessionslos, seit 10 Jahren arbeitslos. Nach einem Grundkurs des Glaubens möchte sie sich taufen lassen und strahlt vor Freude. Sie weiß nun mit Gewissheit, dass sie etwas wert ist. Sie sagt, sie habe das im Grundkurs gehört und erfahren. Sie kann ganz anders „aufblicken". Ihre Geschichte als „Gewinnerin" von Mission: „Ich habe auch ohne Arbeit Würde."

---

[18] Alle Namen verändert.

These 9: Als Protestanten sollten wir aber auch lernen zu sagen: Uns liegt die Kirche am Herzen. Wir haben Nachholbedarf im Blick auf ein positives „Kirchengefühl" (PAUL ZULEHNER). Es gilt nicht nur, zum Glauben zu rufen, sondern auch, in die Gemeinde einzuladen. Im Neuen Testament bedeutet Christwerden immer auch: Glied am Leib Jesu werden, „hinzugetan werden" zum Volk Gottes. Der Glaube bedarf außerdem der stützenden Struktur (PETER L. BERGER).

Eine wachsende Kirche wird es nur geben, *wenn wir Protestanten uns endlich ein positives „Kirchengefühl" (PAUL ZULEHNER)*[19] *leisten.* Wir halten es mit der Kirche so wie GUSTAV HEINEMANN mit Deutschland: Als er gefragt wurde: „Lieben Sie Deutschland?", hat er geantwortet, er liebe seine Frau. Wir Protestanten bilden uns gerne etwas darauf ein, dass wir die Kirche natürlich nicht lieben. Es wäre vielen von uns geradewegs peinlich, Menschen auch für die Kirche gewinnen zu wollen. Nein, unser Gespräch mit ihnen, unsere Mission in Zusammenleben, Dialog und Zeugnis soll frei bleiben vom Zweck, die Kirche in ihrem Bestand zu sichern, gar wachsen zu sehen. **DIE PROTESTANTI-** Nein, es sei doch die Hauptsache, wenn Menschen **SCHE KIRCHENDIS-** mit dem Evangelium in Berührung kommen, nicht **TANZ IST UNHALTBAR** aber, dass sie dann auch zur Gemeinde kommen. Die Einladung, sich dann auch taufen zu lassen, Glied der Gemeinde zu werden und sich zu den Versammlungen zu halten (Hebr 10), kommt uns nur schwer von den Lippen. Damit aber ist ein nicht geringer Teil unserer gegenwärtigen Probleme hausgemacht, selbst verschuldet. Unsere protestantische Kirchendistanz ist unhaltbar:

- Theologisch sollten wir uns aufklären lassen, dass seit den Tagen des Neuen Testaments das Heil eine überaus soziale Erfahrung darstellt: Wir werden Christen eben als Glieder am Leib Christi, als Menschen, die zum Volk Gottes hinzukommen. Äußerstes Erstaunen hätte die

---

[19] PAUL ZULEHNER: Aufbrechen oder Untergehen. So geht Kirchenentwicklung. Ostfildern 2003, 18f.

Feststellung zur Zeit der Apostel und Propheten erweckt, man könne auch in mehr oder weniger freundlicher Distanz zur Kirche ein
guter Christenmensch sein. Zwischen dem Evangeli-
GOTTES WORT OHNE um und der Kirche gibt es einen engen Zusammen-
GOTTES VOLK?   hang, den MARTIN LUTHER auf den Punkt bringt:
„Gottes Wort kann nicht ohne Gottes Volk sein, wiederum Gottes Volk kann nicht ohne Gottes Wort sein, wer wollt's
sonst predigen oder hören, wo kein Volk Gottes da wäre? Und was
könnte oder wollte Gottes Volk glauben, wo Gottes Wort nicht da
wäre?"[20] Wer also möchte, dass das Wort Gottes wächst, der wird auch
wollen, dass die Gemeinde wächst, und darum auch Mut machen,
sich zur Gemeinde verbindlich zu halten.

Unter der Perspektive der Mission ist es ebenfalls nötig, ein evange-
lisches Kirchengefühl zu entwickeln: Wer soll denn in der nächsten
Generation das Evangelium bezeugen? Wer soll denn für die Gegen-
wart der guten Nachricht in der Gesellschaft sorgen, wenn wir so
sorglos mit der Zukunft der Kirche umgehen? Bestandssicherung ist
dann kein Schimpfwort, wenn es darum geht sicherzustellen, dass
auch morgen und übermorgen Menschen da sind, die nicht nur ano-
nyme, sondern sichtbare und hörbare Christen sind.

Unter soziologischer Perspektive ist es gleichermaßen fahrlässig, die
Frage der Gemeindlichkeit des Glaubens zu unterschätzen. Seit
Langem mahnt uns der Soziologe Peter Berger[21], die Bedeutung von
stützenden Strukturen für das Überleben des Glaubens nicht zu unterschätzen.[22] Nach seiner irdischen Seite braucht der Glaube den an-

---

[20] MARTIN LUTHER: Von den Conciliis und Kirchen. 1539. WA 50, 509-653. Hier:
629,34-630,2. DIETRICH BONHOEFFER, DBW 1, 87, geht noch einen Schritt weiter,
wenn er feststellt: „Die Kirche ist der neue Wille Gottes mit den Menschen."

[21] Vor allem: PETER L. BERGER und THOMAS LUCKMANN: Die gesellschaftliche Kon-
struktion der Wirklichkeit. Eine Theorie der Wissenssoziologie. Frankfurt 20 2004,
139-185.

[22] Die folgenden Ausführungen verdanke ich dem Gespräch mit PD DR. JOHANNES

deren, der auch glaubt. So wie die ganze Welt am „dünnen Faden des Gesprächs" hängt, so hängt auch der Glaube am Gespräch des Glaubens, an der Gemeinde. Angesichts der Infragestellung des Glaubens muss es die anderen geben, die mich im Glauben bestätigen und bestärken. Und diese anderen dürfen auch nicht an der Peripherie meines kleinen Kosmos angesiedelt sein, sodass es bestenfalls dann und wann zum Gespräch kommt. Während sich Zahnschmerzen ganz von allein plausibilisieren, ist der Glaube nicht aus sich selbst heraus plausibel, sondern braucht die stützenden Strukturen der Gemeinschaft und des Gesprächs. Sonst hält er dem Widerstand nicht stand. Der Widerstand kann aus erfahrener Sinnlosigkeit kommen, aus Leid und Not. Er kann aber auch aus der Begegnung mit konkurrierenden Sinnwelten kommen. Dann muss die Konversationsmaschine des Glaubens erst recht gut geölt sein und beständig laufen, sonst droht er einzuknicken.

EVANGELISCHE KIRCHE BRAUCHT EIN NEUES, POSITIVES KIRCHENGEFÜHL

Das ist eben die Erfahrung der protestantischen Kirchen in Ostdeutschland und Tschechien: Innerlich nie recht angenommene Tradition, verbunden mit protestantischer Kirchendistanz – das überlebte den Angriff des politisch gewollten Atheismus nicht. Ganz anders war es mit dem kirchenverliebten Katholizismus Polens. Darum wird eine wachsende Kirche auch Geselligkeitsformen schaffen und fördern, die dem aufkeimenden Glauben Stabilität geben. Dann kann der Glaube nicht nur entstehen, sondern auch bestehen, dann kann er nicht nur bestehen, sondern auch wachsen, und dann wird er nicht nur wachsen, sondern auch anderen bezeugt und so weitergegeben. Die evangelische Kirche, will sie wachsen, braucht ein neues, ein positives Kirchengefühl.

ZIMMERMANN, Greifswald. Sie finden sich ausführlicher in seiner Habilitationsschrift: Gemeinde zwischen Sozialität und Individualität. Neukirchen-Vluyn 2006 (BEG, Bd. 3), 323-364.

7. Handlungsvorschläge

7.1 Eine wachsende Kirche investiert in Menschen und ermöglicht geistliche Wachstumsprozesse

Was können wir tun, damit Menschen zum Glauben finden und im Glauben wachsen können? Aus vielem wähle ich zwei Vorschläge:

These 10: Eine wachsende Kirche müsste möglichst vielen Menschen möglichst viele Gelegenheiten geben, in den Glauben hineinzuwachsen und im Glauben zu reifen.

Menschen sind der eigentliche Schatz der Kirche. Die Mitarbeiterinnen und Mitarbeiter, die in Lohn und Brot bei der Kirche sind, ebenso wie die, die im Ehrenamt mitwirken. Vielleicht auch die, die am Rand stehen und von uns noch gar nicht entdeckt wurden. Das Beste, was wir für sie tun können, ist Wertschätzung und so etwas wie ein geistliches Wachstumsprogramm für Christen und solche, die es werden möchten. Die anglikanische Kirche hat empirisch untersucht[23], wie erwachsene Menschen heute zum Glauben finden. Die meisten Menschen, so heißt es da, kommen zum Glauben, indem sie über eine längere Strecke begleitet werden. Wie die Emmaus-Jünger, die Jesus unerkannt begleitete, denen er zuhörte, die er unterwies und mit denen er zu Tisch saß. Die Frage von John Finney war schlicht: Welche Faktoren spielen eine Hauptrolle, damit Menschen zum Glauben kommen? Das Ergebnis war zunächst enttäuschend. Vieles, worauf missionarische Kräfte in der Church of England lange gesetzt hatten, führte nicht zum Wachstum. Große Events spielten keine entscheidende Rolle, christliche Medien spielten nur eine recht kleine Rolle. Was aber bedeutend war, waren Beziehungen. Menschen finden zur Gemeinde und dann auch zum Glauben durch Beziehungen. Da war der christliche Ehepartner, der Nachbar

---

[23] JOHN FINNEY: Finding Faith Today. How does it happen? Swindon 1992.

oder auch der Arbeitskollege, da war der Pastor, der ins Haus kam und in einer schwierigen Lage beistand. Man hat in England Erwachsene gefragt, die sich taufen oder konfirmieren ließen: Welche Faktoren waren entscheidend für Ihren neuen Zugang zu Glauben und Gemeinde? Und die meisten antworteten, indem sie von <u>menschlichen Beziehungen</u> erzählten. Von Menschen, bei denen sie sich nie wie Missionsobjekte vorkamen, die aber etwas ausstrahlten von der Freude des Glaubens. Von Menschen, die nicht aus missionstaktischen Gründen Beziehungen pflegten, die aber mit einer ruhigen Selbstverständlichkeit auch von dem redeten, was ihr Leben im Innersten zusammenhält. Von Menschen, die nicht beim Pizzaessen unruhig hin- und herrutschten, ungeduldig, wann sie endlich ihr Glaubenswissen loswerden könnten, sondern Menschen, die zu reden begannen, als sich die natürliche Gelegenheit ergab, auch von Gott und seiner Gemeinde zu sprechen.

> MENSCHEN FINDEN ZUM GLAUBEN – DURCH BEZIEHUNGEN

These 11: Eine wachsende Kirche lebt von einer „großen Koalition" von beziehungsstarken „Alltagsmissionaren" und glaubenweckenden Programmen der Gemeinde wie z. B. <u>befristeten Glaubenskursen.</u> In ihnen findet die <u>begleitete geistliche Reise</u> statt, die den Glauben weckt und wachsen lässt.

Aber es gehört noch etwas anderes hierher: Wir müssen uns diese Beziehungen nämlich recht nüchtern vorstellen. Vielleicht denken wir nun an lauter Menschen, die wie kleine Theologieprofessoren im Alltag ihren Nächsten das Evangelium erklären. Aber so war es in England nicht. Diese Alltagsmissionare waren viel bescheidener. Sie waren beziehungsstark, das ist wohl wahr. Und sie waren auskunftswillig, d. h. sie hielten nicht hinter dem Berg mit ihrer Liebe zu Gott und ihrem Engagement in der Kirche. Vor allem aber hatten sie Gemeinden im Rücken, die gute Angebote machten für suchende Menschen. Es geht also um eine große Koalition zwischen den Alltagsmissionaren einerseits und den Gemeinden andererseits. Und es ist schon eine Wachstumsgeschichte der besonderen Art, die in England erzählt wird. Fast 2 Millionen Menschen haben in den letzten 15 Jahren in England an Glaubenskursen teilgenommen, vor allem am *Alpha-Kurs* und am *Emmaus-Kurs*.[24]

Die neueren Glaubenskurse arbeiten fast alle nach diesen Prinzipien: Von der Seite der Gemeinde wurde also das beziehungsstarke Tun der Alltagsmissionare unterstützt durch ein regelmäßiges Angebot für suchende Menschen. Dieses Angebot ist befristet, das ist wichtig für den stark beschäftigten postmodernen Menschen. Bei Emmaus z. B. wird an höchstens 15 Abenden das kleine 1x1 des Glaubens vorgestellt: Was Christen glauben, wie man überhaupt Christ wird, wie Christen ihre Beziehung zu Gott und ihre Beziehung zu ihren Mitmenschen gestalten. Da geht es um Gebet und Bibel, Abendmahl und Gemeinschaft, aber auch um den alltäglichen Umgang miteinander. Und das Ganze geschieht nicht durch lange Vorträge – es gibt immer nur kurze Impulse und viel Zeit, miteinander zu reden und gemeinsam vor der aufgeschlagenen Bibel zu entdecken, was es bedeutet, ein Christ zu werden und zu sein.

EINE ATMOSPHÄRE DES GLAUBENS SCHAFFEN

Haben wir am Anfang gehört, dass die Menschen mindestens im Osten in einem Klima der Gottesvergessenheit leben, so geht es heute darum, den Menschen ein „Klima des Glaubens" anzubieten, sie mit einer „Atmosphäre des Evangeliums" zu umgeben. Es ist nicht genug, vom Glauben zu reden. Der Glaube braucht bestimmte klimatische Umstände, um entstehen und wachsen zu können. Ein Klima ist mehr als eine inhaltlich korrekte Auskunft! Es ist die Atmosphäre, die darüber entscheidet, ob wir uns wohlfühlen und öffnen oder aber abgestoßen werden.[25] Es braucht freilich auch die Aus-

---

[24] M. HERBST (Hg.): Emmaus – Auf dem Weg des Glaubens. Handbuch und Kursbuch I – IV. Neukirchen-Vluyn 2002-2004. Das Handbuch liegt seit 2006 in einer gründlich überarbeiteten Fassung vor.

[25] Vgl. zu diesem Gedanken WOLF KRÖTKE: Missionarisch-theologische Kompetenz in den neuen Bundesländern Deutschlands, in: EPD-Dokumentationen Nr. 42 (13.10.2005), 5-12.

kunft, die nicht durch eine unklare, wenn auch herzliche Stimmung ersetzt werden kann.[26] Die Gemeinde muss also eine Atmosphäre des Glaubens schaffen, in der Menschen so von der Liebe Gottes berührt und bewegt, aufgeklärt und zur Entscheidung befreit werden, dass sie beginnen, ihr Leben neu im Glauben zu leben.

Eine begleitete Reise – unterwegs zum Glauben, das ist die Idee, und irgendwann ergibt es sich, dass Menschen ein Gebet sprechen, mit dem sie sich Christus anvertrauen, oder dass sie sich taufen lassen bzw. ihrer Taufe erstmals voller Vertrauen gedenken. Nach 15 Abenden ist Schluss. Das gehört zur Fairness des Angebots. Aber es gibt weitere Angebote. Zu Emmaus gehört nicht nur ein Grundkurs des Glaubens, sondern es gibt auch weiterführende Angebote. Wachstum im Glauben ist das Thema dieser Folgekurse, damit möglichst viele Menschen möglichst viele Gelegenheiten bekommen, im Glauben weitere Schritte zu tun. Vier Kursbücher für Kleingruppen in der Gemeinde werden dazu angeboten.

> **EINE BEGLEITETE REISE – UNTERWEGS ZUM GLAUBEN**

Nun könnte man meinen, dies alles sei ein Angebot von „denen drinnen" für „die draußen". Aber es gibt noch eine weitere Überraschung: Zuerst haben nämlich „die drinnen" von diesem Angebot profitiert. Die sich zur Gottesdienstgemeinde hielten, kamen und nahmen das Angebot an. Und so mancher entdeckte zum ersten Mal in einem langen kirchlichen Dasein, was das Evangelium mit seinem eigenen Leben zu tun hat. So lernen „die drinnen" mit „denen draußen". Und miteinander kommen sie neu auf den Weg des Glaubens. „Die drinnen" machen eine ganz frische und unverbrauchte Erfahrung mit dem Glauben und werden gerade dadurch motiviert, ihre Rolle als Alltagsmissionare anzunehmen. Und „die draußen" werden als Personen ernst genommen, die auf eine begleitete Reise gehen. Haben sie dann das Evangelium entdeckt, werden sie wie von selbst mit großem Eifer anderen davon er-

---

[26] PETER SLOETERDIJKS gewaltiges Opus über die „Sphären" zeigt, wie stark zurzeit dieser Aspekt des Atmosphärischen die Denker bewegt.

zählen. Das fällt „denen von draußen" oft leichter als „denen drinnen".
Es geht ihnen wie von selbst über die Lippen. Neu gewonnene Menschen sind der beste Wachstumsfaktor, den eine Gemeinde haben kann.
Das meine ich, wenn ich vorschlage, geistliche Lebensentwicklungspro-
gramme in den Gemeinden mit Priorität zu fördern. Dabei will ich gar
nicht für den *Emmaus-Kurs* werben. Er ist nur einer unter vielen und das
Material hat durchaus Schwächen.

Ein zweiter Investitionsvorschlag: **Bei Glaubenskursen wie „*Emmaus*"
geht es um strukturierte Prozesse, die Menschen auf ihrer geistlichen
Reise begleiten und inspirieren. Wenn wir eine wachsende Kirche wollen, dann müssen wir an dieser Stelle investieren und möglichst vielen
Menschen (solchen „drinnen" und solchen „draußen") möglichst viele Gelegenheiten geben, im Glauben zu wachsen.**

Auf Dauer wird das auch eines der größten Wachstumshindernisse unserer Kirche überwinden. Was ist dieses Wachstumshindernis? Ich sehe
es darin, dass wir im Blick auf das allgemeine Priestertum eher schwä-
cher als stärker geworden sind. Unsere Kirche ist nach wie vor eine Kirche der Hirten, in der das „Schweigen der Lämmer" nicht überwunden
ist. Wollen wir das „Schweigen der Lämmer" überwinden, dann müssen wir in Personen investieren, also geistliche Wachs-
tumsprozesse durch geistliche Bildungsprogramme
initiieren.

EHRENAMTLICHE GEMEINDELEITER AUSBILDEN

Unsere Kirche im Nordosten wird sich das flächendeckende Netz der Pastoren nicht mehr wie bis-
her leisten können. Sie wird vielerorts die Zahl der Pfarrstellen weiter
drastisch reduzieren müssen. Sie leidet zugleich unter der jahrzehn-
telangen Abwanderung der Eliten. Wir stehen damit vor einer riesigen
Herausforderung: In Menschen investieren bedeutet hier, Menschen zu-
zurüsten, die vor Ort Verantwortung für eine Gemeinde übernehmen
können. Und warum sollte das nicht im ganzen Land eine höchst sinn-
volle Strategie darstellen, auch dort, wo auf mittlere Sicht noch genü-

gend Pfarrstellen zur Verfügung stehen? Ein dritter Investitionsvorschlag: Bilden Sie ehrenamtliche „Gemeindeleiter" aus, besonders für
Regionen, in denen das Netz der pfarramtlichen Versorgung auf Dauer
weitmaschiger werden muss. Wir müssten sie zurüsten, Gottesdienste
zu gestalten und Prozesse der Gemeindeentwicklung zu verantworten.
Unterstützt werden könnten sie durch reisende Pfarrer, die im Sinne des
apostolischen Besuchsdienstes den Gemeinden vor Ort mit Rat und Tat
zur Seite stehen.

In Pommern würde dies – menschlich gesprochen – „5 vor 12" geschehen. In Kirchen, die noch besser dastehen, wäre es eine Investition
in die Zukunft, die noch in der „Komfortzone" getätigt werden könnte.

7.2 Eine wachsende Kirche passt ihre Strukturen den missionarischen Bedürfnissen an

Eine weitere Wachstumshemmung sehe ich darin, dass wir sehr beharr-
lich sind, wenn es um unsere kirchlichen Strukturen geht. Ich beschrei-
be nur einen Bereich kirchlicher Strukturen, aber einen Bereich, in den
zu investieren sich lohnt.

**These 11: Unsere parochiale Kirchenstruktur bedarf der Ergänzung
durch netzwerkorientierte Gemeinschafts- und Gemeindeformen, die
wir als Landeskirche in kirchendistanzierte Netzwerke hineinpflanzen
(in Lebensräume wie Schulen, altersorientiert in Jugendkirchen oder
in entstehende Beziehungsnetze).**

Seit den Tagen Karls des Großen ist unsere Kirche nach einem bestimmten Muster strukturiert. Dieses Muster ist eng mit dem Konstantinischen Zeitalter verknüpft. Das kirchliche Leben bildet das politische
Dasein ab, denn wer Bürger ist, ist auch Christ. Wo ich wohne, bin ich
einer Kirche, und zwar dem Gebäude wie der Dienstleistung des Pfar-
rers, zugeordnet. Dort soll ich zum Gottesdienst gehen. Dort werde ich

getauft, konfirmiert, getraut und bestattet. Diese lokale Struktur erstreckt sich über das ganze Land. Die Landkarte ist wie auf dem Katasteramt fein parzelliert, und wie Grundstücke liegt Gemeinde neben Gemeinde und bedeckt das ganze Land. Dieses Prinzip nennen wir Parochialkirche.

Vielleicht beginnen wir heute zu ahnen, dass dieses flächendeckende Modell von innen gesehen kaum zu erhalten ist. Bei uns in Pommern sind die Einschnitte bereits erheblich. Pfarrer haben Bezirke zu betreuen, die so groß sind, dass ihr Dienst eher dem von Handlungsreisenden ähnelt. Es wird immer schwerer, Kirche flächendeckend anzubieten.

Heute entdecken wir aber auch, dass unser flächendeckendes Modell auch von außen problematisch wird, aus missionarischer Perspektive. Im Blick auf die wachsende Kirche wird das parochiale System allein auf Dauer nicht ausreichen. Die Krise ist wiederum ein Ruf zu Neuem.

NETZWERKORIEN-TIERTE KIRCHE Warum? Der wesentliche Grund liegt darin, dass sich das Leben der Menschen massiv verändert hat. Sie leben in der Regel nicht mehr nach den alten lokalen Mustern. Die Mobilität der meisten führt dazu, dass sie nicht da arbeiten, wo sie wohnen, und dass sie ihre Freizeit wiederum woanders verbringen, ja dass ihre wesentlichen Kontakte nicht mehr nachbarschaftlicher Art sind. Aufschlussreich ist hier die Studie „Mission-shaped Church"[27] der anglikanischen Kirche. Ihr Ausgangspunkt ist die Feststellung, dass für viele Menschen nach wie vor der Wohnort das Lebenszentrum darstellt, er allerdings für noch mehr mobile Menschen kaum noch eine Rolle spielt. Postmodern geprägte Menschen leben nicht nachbarschaftsorientiert, sondern netzwerkorientiert. Sie sind Kollegen in ihrer Firma, fahren zum Sport in einen anderen Stadtteil, treffen sich mit Freunden an einem dritten Ort und engagieren sich in

---

[27] Mission-shaped church. Church House Publishing. London 2004. Auf Deutsch: M. HERBST (Hg.): Mission bringt Gemeinde in Form. Neukirchen-Vluyn 2006 (BEG-Praxis).

einer Bürgerinitiative in einem Vorort. Für ihre Kinder engagieren sie sich in der Schule. Kollegen und Sportsfreunde, Elternvertreter an der Schule und Mitarbeiter in der Bürgerinitiative – sie alle sind für den mobilen postmodernen Menschen wichtiger als die, die in der Nachbarschaft wohnen. Für die Menschen, die noch ihren Lebensmittelpunkt am Wohnort haben, ist die Parochie, die Ortskirchengemeinde, die beste Möglichkeit zur Begegnung mit dem Evangelium. Für die mobilen Postmodernen ist sie das gerade nicht. Und die entkirchlichten Netzwerk-Menschen erreichen wir nicht mehr mit unserer Nachbarschafts-Strategie. Damit erreichen wir nur noch – trotz unserer Behauptung, Kirche für alle zu sein – die nachbarschaftsorientierten Menschen. Das sind oft die, deren Leben nicht mehr „mithält" mit Tempo und Beweglichkeit: ältere Menschen, Alleinerziehende, wirtschaftlich Schwache, Arbeitslose. Dazu kommen einige wenige, die Gerhard Schmidtchen schon vor 30 Jahren als „unwahrscheinliche Gottesdienstbesucher" bezeichnete. Sie kommen, obwohl sie eigentlich sozial und kulturell und milieumäßig nicht in unsere Gemeinden passen. Sie kommen meist, weil sie besondere Beziehungen zu überzeugenden Christenmenschen hatten. Aber sie dürfen uns nicht darüber hinwegtäuschen: Unsere Strukturen verschließen vielen den Zugang zur Kirche.

> **UNSERE STRUKTU-REN VERSCHLIESSEN VIELEN DEN ZUGANG ZUR KIRCHE**

Darauf müsste eine wachsende Kirche reagieren. Sie müsste es tun und nicht anderen überlassen. Sie müsste es aus freiem Antrieb und missionarischer Liebe heraus tun. Im Grunde müsste sie aus der Missionstheologie der äußeren Mission lernen: Dort hat man lange schon begriffen, dass eine missionarische Kirche sich in eine Kultur hineinpflanzen muss. Sie muss gleichsam einen Akt der Inkarnation vollziehen: Wie der Gottessohn sich in eine bestimmte Zeit begab, an einem bestimmten Ort zur Welt kam und dort eben in Gestalt eines jüdischen Zimmermanns, so müsste sich Kirche neu inkarnieren in die Netzwerk-Gemeinschaften unserer Gesellschaft. Und das würde aus missionarischen Gründen bedeuten, in Ergänzung zu den territorialen Gemein-

den, also den bestehenden Ortsgemeinden, auf Dauer auch nicht territoriale Gemeinden in bestimmte Netzwerke hineinzupflanzen. Nur so
könnte sie wachsen, nämlich über die engen Milieugrenzen hinaus, die
unser Gemeindeleben heute einschränken.

Und auf einer höheren Ebene der Reflektion gilt das nicht nur innerhalb der Gemeinde, sondern für die Frage der Gemeindeformen innerhalb einer Region: Die anglikanische Kirche ist uns hier weit voraus.
Das tiefe parochiale Bewusstsein ist dort mindestens so ausgeprägt wie
bei uns! Und doch hat diese alte Volkskirche begriffen, dass die überkommenen Strukturen den neuen missionarischen Herausforderungen
nicht mehr gerecht werden. Wenn eine Volkskirche Kirche für das ganze Volk sein will, dann darf sie nicht damit zufrieden

WELCHE SCHICHTEN
UND MILIEUS SIND
UNERREICHT?
sein, dass es flächendeckend Kirchengemeinden gibt.
Geografisch wäre damit das ganze Volk erreicht. Aber
eben nur geografisch. In der anglikanischen Kirche
hat man seit etwa 20 Jahren begriffen, dass es andere
als geografische weiße Flecken geben kann: Eine Kirche kann etwa den
Kontakt zu sozialen Schichten verlieren, oder es können ganze kulturelle Milieus unerreicht bleiben. Und man hat sich in England nicht darauf zurückgezogen, dass es ja für jeden erreichbar kirchliche Angebote
gibt, getreu dem Motto: Wer will, kann ja kommen.

Mission-shaped Church empfiehlt aus missionarischen und nicht aus
finanziellen Gründen eine Mischwirtschaft unterschiedlichster Gemeindeformen, um möglichst viele Menschen zu erreichen: Es geht um
Gemeindeaufbau und Gemeindepflanzung. Das kann in Parochien geschehen, aber auch in Cell Churches, also Gemeinden, die nur aus Kleingruppen bestehen. In Gemeindepflanzungen, die nichts anderes sind als
ein zweites selbstständiges Programm unter demselben Kirchendach,
oder aber in völligen Neugründungen von Gemeinden in bislang unerreichten Regionen. In Gemeinden, die sich als vollständige und dauerhafte Gemeinden an Schulen bilden, für Schüler, Lehrer und Eltern. Es
kann Gemeinden in Cafés geben. Oder Gemeinden, die als soziales Projekt in Brennpunkten beginnen, aber auch Gottesdienste und Glau

benskurse anbieten. Oder Gemeinden, die sich aus einem spezifischen Gottesdienst für Suchende heraus entwickeln. Mut zum missionarischen Plural – und das alles im Raum der anglikanischen Kirche und nicht als Freikirche!

Wir hingegen neigen dazu, an unseren Strukturen mit einer gewissen Verbissenheit festzuhalten. Wir sind lieber Verwalter des Vorhandenen als mutige Unternehmer einer zukünftigen Kirchengestalt. So werden manche Kirchenleute immer noch sehr nervös, wenn man ihnen sagt: „Die Parochie wird bleiben, sie ist und bleibt eine wesentliche Variante gemeindlichen Lebens. Aber daneben brauchen wir dringend weitere Gemeindetypen: etwa Profilgemeinden in den Citykirchen, ‚zweite Programme' in der Innenstadt, Neugründungen in den entkirchlichten Siedlungen und auch geistliche Leuchttürme im ländlichen Raum." Da kommt Nervosität auf. Wir brauchen mehr Zusammenarbeit und Abstimmung von Gemeinden in der Region und mit freien Werken, die bisher in der Gemeindeaufbaudebatte notorisch zu kurz kommen! Wir werden an manchen Stellen auch den Betrieb einstellen müssen. Bei alledem lebt das parochiale System von der Vorstellung einer flächendeckenden Versorgungskirche, in der alle im Prinzip dazugehören und in der das territoriale Prinzip das Leben ordnet. Das aber ist in weiten Teilen des Landes Vergangenheit – allerdings nicht überall!

> **VIELFALT ENTWICKELN: WER KANN WAS AM BESTEN?**

Freilich hat das unweigerlich Konsequenzen, von denen ich jetzt hier nur noch zwei nennen kann:

Zum einen müssten wir unsere Regionen als Missionsland verstehen und uns darüber verständigen, wer was am besten kann und wer wen am ehesten erreichen wird. Wir könnten dann mehr Vielfalt entwickeln und würden uns dadurch besser aufstellen. Gemeinden würden das tun, worin sie stark sind, und vieles lassen, was andere besser können. Und wo wir allein zu schwach sind, z. B. im Blick auf einen Gottesdienst für Kirchendistanzierte, da würden wir uns zusammenschließen. Mehr miteinander reden, beten und planen müssten wir – mindestens diejenigen in einer Region, die sich nach einer missionarischen Gemeinde sehnen.

Zum anderen müssten wir unsere Revierförstermentalität aufgeben. Denn als Folge der Vielfalt werden unsere Mitmenschen verstärkt tun, was sie auch jetzt schon mindestens in den Städten tun: Sie werden dorthin gehen, wo ein Angebot sie anspricht, und wenn sie sich wohlfühlen, werden sie sich dort beheimaten. Und jetzt wird es heikel: Können wir das mit ansehen? Können wir uns freuen, wenn ein Mensch erstmals in einer Gemeinde verwurzelt ist, auch wenn es nicht unsere Gemeinde ist? Durch die vormoderne Unterstellung, die Bewohner unserer Pfarrbezirke wären unser Eigentum, wird eine Grenze zwischen unseren Ortskirchengemeinden gezogen. Doch zum einen halten sich die Menschen nicht mehr an solche Regeln, zum anderen sind sie vielleicht ganz unsinnig, wenn es uns darum geht, möglichst viele zu beheimaten. Natürlich müssen wir über die „Churchhopper" sprechen, die einfach überall mal vorbeischauen und sich als fromme Karawane nirgends fest niederlassen. Und wir müssen uns das Abwerben derer verbieten, die an anderer Stelle schon verwurzelt sind. Dann aber müsste es uns wichtiger sein, dass ein Mensch überhaupt in einer Gemeinde ankommt, als wo er ankommt.

REVIERFÖRSTERMEN-TALITÄT AUFGEBEN

Es gilt also, das eher unter wirtschaftlichem Druck entstandene Thema Regionalisierung missionstheologisch weiterzuentwickeln:

- Parochien sind – gerade im Blick auf das „Ensemble der Opfer" – weiterhin die Grundform kirchlicher Mission, die das Evangelium für jedermann erreichbar macht. Der Blick auf die Armen unserer Zeit bewahrt uns vor arroganter Geringschätzung lokaler Gemeinden. Jesu Passion für die Armen bekommt so eine neue Facette. Die etwas unbestimmte Beziehung zwischen Parochie und missionarischer Diakonie wäre hier zu bedenken.

- Parochien sollten aber in der Region zu Absprachen kommen, die z. B. missionarische Schwerpunktbildungen erlauben und Gemeinden helfen, in der Region einen Beitrag zum missionarischen Auftrag

zu leisten. Nicht jeder muss alles können und machen – manche Gemeinde lebt mit chronisch schlechtem Gewissen, weil nicht alle erreicht werden, aber auch, weil sie sich zu viel vornimmt. Worin sind
wir stark? Wen können wir erreichen? Wo können
wir einen Schritt über unsere Grenzen tun? Aber | PAROCHIE BLEIBT
auch: Was können andere besser? Wo können wir | WICHTIG
uns verabreden und von den anderen profitieren?
Gemeinden müssten durchlässig füreinander werden und auch hin-
nehmen, wenn Mobilität einschließt, dass Menschen sich passende
Gemeindeformen aussuchen, und zwar unabhängig vom Wohnort,
gebunden an Netzwerke. Der Fortgang des „Reiches Gottes" in einer
Region wäre dann wichtiger als der „kirchturmorientierte Gemeindeaufbau".

Dazu käme als dritter Schritt die Neupflanzung von Gemeinden, die
wir Netzwerkgemeinden nennen möchten und die sich in ihrem
Profil auf bestimmte Zielgruppen ausrichten und entsprechende kulturelle Lebensformen ausprägen. Die Einheit der Kirche wird ja nach
CA VII durch Wort und Sakrament und nicht durch Zeremonien erhalten. Es ist besser, solche Neupflanzungen aktiv anzugehen und
kirchlich zu steuern, als sie dem Wildwuchs zu überlassen. Sie sollten
unter dem Dach der Kirche sowohl frei sein zur Ausbildung ihres Pro-
gramms als auch gebunden an die größere kirchliche Gemeinschaft.
Neupflanzungen erlauben traditionellen Gemeinden, ihre Stärken
weiter zu pflegen und behutsam fortzuentwickeln, sie erlauben neu-
en Gemeinschaften das Experiment, um der bisher nicht erreichten
Menschen willen andere Versammlungsformen auszuprobieren. Sie
sind damit gleichermaßen missionarisch bedeutsam wie pluralis-
musfähig.[28]

Solche Neupflanzungen möchte ich nicht gerne Personalgemeinden
nennen. Das klingt eher nach einem „Klüngel", der sich um einen wie
auch immer begnadeten Prediger sammelt. Ich möchte sie nach den je-

---

[28] Mission-shaped church. Church House Publishing. London 2004, XI.

weiligen Netzwerken benennen, in die hinein sie gepflanzt werden, so wie wir es übrigens schon mit Studentengemeinden oder Anstaltsgemeinden immer gehalten haben. Aber es müssten jetzt Schulgemeinden hinzukommen, die die Tendenz zur Ganztagsschule als Chance begreifen und die Schule als Lebensraum für viele nun auch missionarisch in den Blick nehmen. Es müssten Jugendkirchen entstehen, die die besondere Kommunikation mit der Kultur Jugendlicher pflegen, auch missionarische Gemeinden für bestimmte entkirchlichte Milieus. Viele erreichen wir nicht, weil unsere Zeitstrukturen, Musikstile, Veranstaltungsgewohnheiten, unsere Art der Kommunikation, das Design unserer Räume, der Geschmack unserer Teesorten und Kekssortimente nicht mit ihrem Leben kompatibel sind. Sie wollen nicht als liebe „Schwestern und Brüder" angeredet werden und zur Kollekte für das Gustav-Adolf-Werk animiert werden.

GEMEINDEN FÜR DEN POSTMODERNEN MENSCHEN Eine wachsende Kirche wird Gemeinden pflanzen, die sich auf eine fremde Kultur einlassen. Wichtig ist dabei, dass die Gestalt dieser neuen Kirchen etwas Neues sein wird. Sie wird kein Klon der alten Gemeinde sein, sondern in der Begegnung mit der neuen Kultur und im betenden Hören auf die Schrift wird etwas Neues entstehen, das sich die Schönheit der neuen Kulturen aneignet und ihren Gottlosigkeiten widerspricht. So wird eine Gemeinde in einer Netzwerkkultur der Mobilität Rechnung tragen und doch für verbindliche und verlässliche Beziehungen eintreten, um dem vagabundierenden postmodernen Menschen wieder Heimat zu bieten.

Ich komme zum Schluss: Aufgeklärt und ermutigt durch Gottes Verheißungen gewinnen wir Zutrauen zur Zukunft unserer Kirche. Das ist die Vision. Wir wissen, worum sich unser Gebet drehen wird. Und wir werden zielorientiert für eine wachsende Kirche arbeiten. Damit könnten wir im Unterschied zu Alice im Wunderland recht genau sagen, wohin wir wollen: zu einer Kirche, die nicht nur „downsized", sondern wächst. Ich danke Ihnen für Ihre Aufmerksamkeit.

Missionarische Verkündigung in der Postmoderne[1]

1. Nur das Nötige zum Thema „Postmoderne"

1.1 Peter Høeg hilft uns, auf die Spur zu kommen

Peter Høeg ist bekannt durch seinen Bestseller „Fräulein Smillas Gespür für Schnee". Nun hat der 50-jährige Däne nach fast 10 Jahren Abwesenheit ein neues Buch auf den Markt gebracht: „Das stille Mädchen". Er erzählt darin die Geschichte des Clowns Kaspar Krone, der die Seelentöne der Menschen wahrnehmen kann. Als ein Mädchen, die 9-jährige KlaraMaria, entführt wird, das dieselbe Gabe besitzt, macht er sich auf die abenteuerliche Suche nach diesem Mädchen. Unterwegs begegnen ihm Menschen, die wie er außergewöhnliche Fähigkeiten besitzen: eine madonnenhafte „Blaue Dame", seine ehemalige Geliebte usw. Ich verrate nicht die Story, aber es geht immer auch um die Suche nach Gott. Die einzelnen Figuren im Roman stehen für die vielen unterschiedlichen Ansätze der großen Weltreligionen, nach dem Geheimnis der Welt zu suchen. Peter Høeg löst es auch nicht: Er versteht sich als ein Bergführer, der selbst nicht immer den Weg kennt, aber weiß, dass das Ziel himmelwärts liegt. Ist schon diese Offenheit für ein religiöses Thema ebenso postmodern wie die Vielfalt der möglichen Zugänge zu diesem Thema, so hilft uns Høeg noch mehr, wenn wir auf ein Interview hören, das er der FAZ gegeben hat. Darin sagt er Folgendes:

„Ich weiß nicht, ob es eigentlich nur ein Buch gibt. Jeder Leser ist ein-

---

[1] Stark überarbeiteter und aktualisierter Vortrag vor dem Pfarrkonvent des Kirchenkreises Herne in der Evangelischen Kirche von Westfalen (7.3.2007).

zigartig und seine jeweilige Lesart korrekt. Das ist Teil des Preises, den ich für meine kreative Offenheit zahlen muss: dass ich im Kontakt mit vielen verschiedenen Lesarten bleiben muss [...]. Und ich habe das Gefühl, dass dieser Strom, der durch mich, der durch alle läuft, die kreativ arbeiten – dass dieser Strom nicht mir allein gehört. [...] Und wenn ich nicht die volle Verantwortung für das Buch halte, dann bin ich nicht allein zuständig für die Kritik, dann kann ich sagen: Das Buch passiert. Ich habe es zwar geschrieben, aber es ist eben auch etwas, was größer ist als ich."[2]

Dieses Statement ist zwar auch mild esoterisch, aber es ist eben auch postmodern: Es ist schon im Blick auf die Predigtlehre ein hermeneutisch interessantes Statement; aber es steht auch prinzipiell für den „subjective turn"[3], der im Zentrum der postmodernen Phänomene steht: die Wendung zum Subjekt, zum Einzelnen, die Abkehr vom Objektiven und die Akzeptanz des prinzipiell Subjektiven, die Abkehr von der Tradition und die Hinkehr zur Option, die Abkehr vom Singular und die Hinkehr zum prinzipiellen Plural, die Abkehr von der festen Identität und die Hinkehr zur stets neuen Rekonstruktion des Ich, die Abkehr von der einen Wahrheit und die Hinkehr zu den vielen Perspektiven usw.

POSTMODERNE: WENDUNG ZUM SUBJEKT

1.2 Nur das Nötige zur Postmoderne

Es ist also die Signatur der Postmoderne, dass der Plural zum Prinzip wird. *„Pluralität wird dominant und obligat."*[4] Postmoderne ist der Auf-

---

[2]   FELICITAS VON LOVENBERG: Haben Sie ein Gespür für Gott, Herr Høeg? In: FAZ Nr. 23, 27.1.2007, Seite Z6.

[3]   Vgl. PAUL HEELAS und LINDA WOODHEAD: The Spiritual Revolution – why religion is giving way to spirituality. Oxford 2005, 4.

[4]   JOHANNES EURICH: Symbol und Musik. Münster, Hamburg und London 2002 (Heidelberger Studien zur Praktischen Theologie, Bd.1), 10.

stand gegen die „großen Erzählungen" (JEAN-FRANÇOIS LYOTARD).[5] Alles, was Wahrheit zu sein beansprucht, und zwar überlegene Wahrheit, Wahrheit mit Monopol, ist nicht mehr hinzunehmen. Vielmehr muss sich das Denken zu einem Verzicht bereit erklären: dem Verzicht auf geschlossene Diskurse, auf zwingende Gedankensysteme, die andere ausschließen könnten. Das ist ein häufig übersehenes Element im Denken der Postmoderne: Sie fürchtet die Gewaltbereitschaft derer, die Wahrheit haben, starke Identitäten besitzen und damit potenziell den anderen bedrohen, unterjochen, gefährden. In einer globalisierten Welt hängt das Überleben vom Gewaltverzicht derer ab, die meinen, die Wahrheit zu haben. Vielleicht ist es dann besser, eben auf diesen Anspruch ganz zu verzichten und einzuräumen: Ich habe immer nur eine Perspektive, aber nicht die Wahrheit.

FURCHT VOR DER DOMINANTEN WAHRHEIT

Übergeordnete Wahrheiten sind spätestens seit Nietzsche nicht mehr denk-würdig. Der Horizont über uns ist weggewischt.[6] Es gibt keinen letzten verpflichtenden und bergenden Horizont mehr über uns. Das ist die Geburtsstunde der Postmoderne: Nietzsches Ansage des Todes Gottes, denn damit wird nicht nur der Tod Gottes proklamiert, sondern jeder Horizont über uns eliminiert.

Es gibt keinen Gott über uns, die Postmoderne erklärt Gott zum Abwesenden und bestreitet, dass es einen Sinn gibt, der alle einen könnte. Auch früher gab es schon den Plural, aber man stritt noch über den Singular, den einen Sinn und die eine Wahrheit und die eine Moral. Das ist nun vorbei: Es regiert der Plural. Es entscheidet das allein Absolute, das

---

5 Vgl. JEAN-FRANÇOIS LYOTARD: Das postmoderne Wissen. Ein Bericht. Edition Passagen 7.5.2005.

6 FRIEDRICH NIETZSCHE: Aphorismus „Der tolle Mensch". In: Die fröhliche Wissenschaft. 1882. Aphorismus 125. In ders: Sämtliche Werke – Kritische Studienausgabe (KSA), hg. von G. COLLI und M. MONTINARI. Berlin, New York und München 1980, Bd. 3, 480f. Vergleiche auch: HEINZPETER HEMPELMANN: „Wir haben den Horizont weggewischt" (F. NIETZSCHE). Das Evangelium verkünden unter den Bedingungen der Postmoderne. ThBeitr 30 (1999; Heft 1), 32-49.

Individuum. Alles steht <u>wertungsfrei</u> und <u>hierarchiefrei neben</u>einander. Jeder übergeordnete Sinn steht unter Verdacht, er könnte ja zur Gewalt bereit sein[7] und diejenigen unterjochen, die anderen Sinnes sind. So gibt es nur den prinzipiellen Plural, aber keinen gnädigen und auch keinen verpflichtenden Singular.

Die katholische Philosophin Hanna-Barbara Gerl-Falkowitz formuliert es so: „Jeder Singular wird als solcher verdächtig. Entsprechend fehlt nicht nur das Eine, Verbindliche im postmodernen Lebensstil; es fehlt auch der Eine: Gott."[8] Kurzum: Der Ein-Fall ist ein Sündenfall, allein der Viel-Fall ist uns gemäß.[9]

So wird das Individuum im „subjective turn" zur letzten Instanz. Nur: Dieses Individuum gibt es nun eigentlich auch nicht mehr. Ich bin permanent mein eigenes Planungsbüro. Ich bin mir nicht etwa geschenkt. Das Ich versteht sich nicht als ein Datum, als ein Gegebenes, womöglich von Gott Gegebenes. Es versteht sich als ein Faktum, ein Gemachtes, in Zukunft vielleicht immer mehr im Reagenzglas von Menschen Gemachtes, das sich dann im Laufe seiner Lebensgeschichte (unter Umständen mehrfach) selbst „macht". Das postmoderne Ich sagt:

„Was Gott ist, bestimme ich" (I. Dalferth)

„Ich bin nicht, ich mache mich."[10] Bis hin zur eigenen Geschlechtsrolle steht der Mensch unter dem Gesetz, sich selbst erst konstruieren zu müssen. Er hat Lebensabschnittsidentitäten. Auch ein religiöses Ich muss sich erst konstruieren, es glaubt nur noch, weil es wählt und was es wählt, nicht aber wie die Alten, was ihm tradiert wurde. Ingo Dalferth brachte es auf den Nenner: Was Gott ist, bestimme ich. Wie die Wahrheit, so wird auch das Ich fließend, plural und prinzipiell instabil.

---

[7]   So etwa Odo Marquardts und Jan Assmanns Vorwurf gegen die monotheistischen Religionen.

[8]   Hanna-Barbara Gerl-Falkowitz: Anwesenheit des Einen? Zur christlichen Mission in Zeiten postmoderner Abwesenheit. In: M. Sellmann (Hg.): Deutschland – Missionsland. Freiburg, Basel und Wien 2004, 204-228, Zitat 210.

[9]   A. a. O.

[10] A. a. O., 207.

Freilich dürfen wir hier nicht aufhören. Die modische Caféhaus-Postmoderne schließt hier die Akten. In Wirklichkeit wird es aber jetzt erst richtig spannend. Denn die Abwesenheit Gottes, die die postmodernen Philosophen proklamieren, macht nur bedingt froh.

So schrieb JAN ROSS vor einiger Zeit: „Die pluralistische Gesellschaft sehnt sich geradezu nach erkennbaren Haltungen und Figuren, nach Felsbrocken im Meinungsbrei."[11] Anders gesagt: Gibt es doch wieder eine Sehnsucht nach dem Singular?

Ganz ähnliche Gedanken enthielt die beeindruckende Friedenspreis-Rede, die JÜRGEN HABERMAS im Oktober 2001 hielt.[12] Er sprach von einer postsäkularen Gesellschaft und markierte gleichzeitig die Lücke, die die Säkularisierung hinterließ: In unserer Gesellschaft gibt es nach HABERMAS eine knapp werdende Ressource, und das ist die Ressource Sinn. Wo ist so etwas wie „Auferstehung", wo gibt es „Absolution" für das Unverzeihliche?

JEAN-FRANÇOIS LYOTARD schließlich benennt die Erschütterungen, die die Postmoderne gedanklich nicht bewältigen kann. Er weist auf das „Ereignis" hin, auf das, was der Mensch nicht in Händen hat. Das Ereignis entzieht sich, auf ein Ereignis einigt man sich nicht, es findet statt. In Lust oder Schmerz erfasst es das Individuum. Und es ist in erstaunlicher Weise „wirklich". Das Ereignis, etwa der 11. September, lässt das postmoderne Individuum nach Sinn suchen.[13] Sehnsucht nach dem Singular mitten im Plural. HANNA-BARBARA GERL-FALKOWITZ vermutet, dass der Mensch in seiner Sehnsucht nach Sinn mit sich selbst nicht zurande kommt und dass sich hier erweisen wird, dass Religion jüdisch-christlicher Herkunft nicht einfach ablösbar ist. Sie beobachtet

DIE BLEIBENDE SUCHE NACH SINN

---

[11] JAN ROSS: Mehr Gott wagen. Kleine Handreichung zum Kirchentag: Glauben ist das Kerngeschäft. In: DIE ZEIT Nr. 23, 28. Mai 2003, 1.
[12] JÜRGEN HABERMAS: Glauben und Wissen. Die Rede des diesjährigen Friedenspreisträgers des deutschen Buchhandels. FAZ Nr. 239, 14.10.2001, 9.
[13] So HANNA-BARBARA GERL-FALKOWITZ, a. a. O., 211-215.

die Wende hin zu einer Respiritualisierung und meint mit einem russischen Sprichwort: „Das Neue ist nichts als das gut vergessene Alte."[14]
Als Krankenhausseelsorger hat mich postmodernes Denken nie recht überzeugt. Ich habe Grenzsituationen in der Begleitung schwerstkranker Kinder erlebt, z. B. bei extrem früh geborenen Kindern und ihren Eltern auf der Achterbahn zwischen Hoffen und Bangen. Am Ende habe ich immer wieder erlebt, wie das extreme Widerfahrnis Menschen veränderte: das Glück, ein Kind doch mit nach Hause nehmen zu können, ebenso wie die Trauer, ein Kind wieder loslassen zu müssen, bevor es richtig in den Arm geschlossen werden konnte. Oder auch die lange Wegstrecke dazwischen mit der Frage, wie ich denn leben kann mit einem Kind, dessen Zukunft ungewiss und dessen kleines Dasein von Anfang an mit Hypotheken versehen ist. Das sich

DER MENSCH FRAGT ÜBER SICH HINAUS selbst konstruierende Individuum kommt eben im Widerfahrnis, in der Passion, an seine Grenzen. Es vermag dann nicht mehr zu sagen: Ich bin Faktum. Es erlebt sich vielmehr als Datum, als Gegebenes. Im Erleben großen Leids wie großen Glücks wird der Mensch an die Grenze geführt, an der er mehr sucht als sich selbst, nämlich den, dem er klagen oder danken kann. Alle Träume von der Selbstvervollkommnung zerplatzen hier. Er kommt dann an den Punkt, an dem er Schuld bekennen möchte und Absolution ersehnt, oder er kommt an den Punkt, an dem er Hilfe sucht, die er sich selbst nicht geben kann. Dann bricht im Plural die Sehnsucht nach dem Singular auf.

Diese Sehnsucht nach dem Singular bedeutet allerdings nicht automatisch, dass Menschen sich für Jesus Christus öffnen. Sie bedeutet allerdings, dass wir dann nicht schweigen sollen, dass wir vielmehr die Gewissheit der singulären Liebe Jesu Christi zu bezeugen haben. Postmoderne Gebrochenheit braucht das christliche Zeugnis vom Singular, anders gesagt: Der, den fast alle für abwesend halten, ist als der Anwesende zu bezeugen. Da es aber dieses singuläre Evangelium nicht „nackt"

---

[14] A. a. O., 216.

gibt, nicht „ohne ~~Kontext", sondern immer „inkulturiert",~~ eröffnen all diese Situationen die Chance, dass das eine, singuläre Evangelium von Jesus Christus immer neue plurale Seiten an sich selbst offenbart, freilich so, dass in jedem Fall Menschen aus der tödlichen Gottesferne in die Kindschaft des Vaters Jesu Christi gerufen und gezogen werden.

2. Wie gehen wir mit den Zeiten um?

An dieser Stelle ist eine Warnung angebracht: Wie gehen wir nun mit diesen Phänomenen um? Ich muss hier etwas „grundsätzlich" werden: Wie gehen wir überhaupt mit Zeiten um? Ich sehe zwei Extreme, bewährt in vielen Paradigmenwechseln im Laufe der Geschichte:

2.1 Vorsicht vor klassischen Extremen

Das eine Extrem nenne ich das „Galileo-Prinzip": Das ist das prinzipielle Nein gegen das Neue, das alte Erkenntnis, alte Praxis, alte Lebenserfahrung infrage stellt. Zu gefährlich erscheint das Neue, das da kommt, und darum muss es ferngehalten werden. Und können wir es nicht fernhalten, dann werden wir scharf dagegen sein und reden. Postmoderne ist das Ende der Wahrheit, Jesus aber ist die Wahrheit. Postmoderne lässt jeden leben, wie er will – und diese Beliebigkeit gefährdet unsere Jugend! Postmoderne macht das Zusammenleben unmöglich und destabilisiert Ehe und Familie. Postmoderne gefährdet den

GALILEO-PRINIZP: NEIN ZU ALLEM NEUEN

Religionsunterricht! Postmoderne ist böse. Die Stärke des Galileo-Prinzips ist seine Prinzipienfestigkeit und damit die Fähigkeit, jedem Geist der Zeit als kritisches ~~Widerlager zu dienen.~~ Seine Schwäche ist eben dieselbe Prinzipienfestigkeit, die blind ist für die Schwächen des Althergebrachten und darum auch die Chancen des Neuen nicht wahrnimmt.

Das Galileo-Prinzip

Das andere Extrem ist das „Lemminge-Prinzip": das prinzipielle begeisterte Ja zu jedem Geist der Zeiten. Die eine Seite des Problems ist hier, dass man, wenn man sich mit dem Zeitgeist verheiratet hat, auch rasch verwitwen kann. Die andere Seite ist eben der rasche, willfährige Verzicht auf das, was uns anvertraut ist, und die Blindheit gegenüber den Gefahren des Verlockenden. Stärke und Schwäche dieses Prinzips ist also gerade der Verzicht auf feste Prinzipien. Manchmal geht man freilich im Meer unter und ersäuft – wie die Lemminge.

LEMMINGE-PRINZIP: JA ZU ALLEM NEUEN

Nun gilt es hier, zwei Anmerkungen zu machen, die uns vielleicht zur Orientierung helfen:

Das Lemminge-Prinzip

2.2 Wir sind alle (teilweise) postmoderne Wesen!

Wenn man sich der Galileo-Position anschließt, handelt man sich allerdings gleich mehrere Probleme ein – Und ich erwähne das jetzt einmal etwas intensiver, weil ich den Eindruck habe, dass je frömmer, kirchlicher oder theologischer ein Kreis ist, desto tiefer die Sorgenfalten, wenn wir über die Postmoderne „da draußen" reden. Dann wird lustvoll die Dekadenz derer beschrieben, die diesem neuen Götzen huldigen, oder es wird der Untergang des Abendlandes beschrien. Nur: Man handelt sich damit mehr Probleme ein, als man lösen kann.

IST DIE POSTMODERNE NUR „DA DRAUSSEN"?

Das erste Problem ist ein *gewisser Realitätsverlust,* wenn es um die Wahrnehmung der Menschen um uns her geht. Die sind nun einmal nicht mehr so, wie wir sie gerne hätten. Sie gehen nicht brav zur Kirche, wo sie wohnen, sondern – wenn überhaupt – dann da, wo sie es spannend finden. Sie würden auch gerne am Sonntag shoppen gehen und scheren sich nicht um unser Beharren auf dem Sabbatgebot. Sie hungern nach Erfahrung. Sie fragen weniger danach, was wahr ist, als vielmehr nach dem, was ein Erlebnis vermittelt, das für sie persönlich Bedeutung hat. Sie suchen nach Trost, suchen Gefühl und möchten wissen, was für ihr Leben funktioniert. Sie haben wenig Geduld. Sie verknüpfen Widersprüchliches miteinander. Sie leben im Patchwork und basteln sich ihr Weltbild, ihr Gottesbild und ihr Selbstbild immer neu. Und ich habe manchmal den Verdacht, dass wir darum auch munter an den Menschen „vorbeiseelsorgen", „vorbeigemeindebauen", vorbeievangelisieren und sie einfach nicht mehr verstehen – und sie ihrerseits verstehen schon lange nicht mehr, was wir überhaupt von ihnen wollen. Dabei geht es gar nicht um Jesus und das Evangelium, sondern um die Zugänge, die Themen, die Stile, die Musiken, die Präsentationen, das Design, die Sprache. Wir muten den Menschen bei unseren Versuchen der Annäherung unsere kirchliche Kultur zu. Buchstabieren wir doch einmal Joh 3,16 ein bisschen anders: „Also hat Gott die Welt geliebt, dass er seinen einzigen Sohn und seines einzigen Sohnes einzige Kirche gab, auf dass die, die an Jesus glauben, nicht verloren gehen, sondern das ewige Leben haben."

Und *Patchwork* bedeutet auch: Wir haben da eben Peter und Sandra, die sind verheiratet und kommen in die Gemeinde, und die haben den Max. Aber dann gibt es noch den Paul, den hat Sandra aus der Ehe mit Martin mitgebracht, und dann gibt es noch Sara aus Peters Ehe mit Clara. Und Sara lebt in zwei Haushalten, weil Clara inzwischen mit Markus unverheiratet zusammenlebt und sie gemeinsam den kleinen Kaspar haben. Kaspar und Sara sind gute Freunde, und Sara liebt ihren kleinen Bruder Max. Und jetzt überlegen Sie mal, wie viele Großeltern es hier gibt und wie Sie regeln wollen, wie man in einer solchen Familie Weihnachten feiert. Wollen wir da einfach sagen: „Dumm gelaufen, Pech gehabt!"?

Noch „schlimmer" ist das zweite Problem: Der Zeitgeist ist nicht im

BEI DEN MENSCHEN SEIN, WIE SIE SIND

ungemütlichen „Draußen" und wir sind unbeeindruckt „drinnen". Der postmoderne Zeitgeist hat uns längst *in den Gemeinden* erfasst, und zwar nicht nur in den „anderen", „liberalen" Gemeinden, sondern genauso in der „frommen Szene". Auch das fromme „Ich" fragt, was ihm gerade gefällt, was ihm guttut, nützt, frommt und bequemt. Auch das fromme Ich ist hoch individualisiert: Es ist heute deutlich schwieriger, einen frommen Menschen verbindlich im Hauskreis oder in der Gemeinde zu beheimaten oder – noch schlimmer – ihn zur Mitarbeit zu gewinnen. Da „schwärmert" es postmodern: Ich und mein Herr Jesus machen unter uns aus, was gerade gut ist.

POSTMODERNER, FROMMER INDIVIDUALISMUS

Und noch mehr zeigt sich dies beim dritten Problem:[15] Ich selbst, Michael Herbst, bin natürlich auch ein postmoderner Mensch:

- Ich bin nicht mit engen Kontakten zum christlichen Glauben aufgewachsen, sondern habe ihn „erwählt", eher trotz meiner Sozialisation. Vieles, was Menschen ausmacht, die nicht kirchlich geprägt sind, kann ich darum sehr gut verstehen.

- Ich habe darum als Christ begonnen, in einer eher kirchlich müden und lauen Umgebung Neues zu gestalten und – ja – auch neu zu konstruieren, also schöpferisch mit meiner Identität und Biografie umzugehen – das ist postmodern, freilich nicht aus eigener Schöpfermacht, sondern aus der Kraft, die der Schöpfer dem nicht festgelegten Geschöpf Mensch mitgegeben hat.

- Und noch schlimmer: Ich bin wirklich der Überzeugung, dass Religion Ansichtssache ist und nicht zuerst tradiertes Wissen. Ich finde es richtig, ja notwendig, dass jeder Mensch zu einer eigenen Begegnung mit Jesus Christus kommen muss und zu einer Entscheidung für ihn und dass es gut ist, wenn die traditionale, christentümliche Gesellschaft stirbt und das Christentum sich neu aufstellen muss.

---

[15] Dieser Abschnitt ist von ULRICH GIESEKUS inspiriert worden, der auf dem APS-Kongress 2006 in Marburg („Ich-AG oder Beziehungs-GmbH?") einen Vortrag zum Thema „Zentriert leben in einer grenzenlosen Welt. Von der Schwierigkeit, die Mitte zu finden" hielt.

▓ Ich glaube auch, dass Wahrheit nicht ein Fürwahrhalten bestimmter Sätze meint. Ein Fürwahrhalten denkt immer nur „nach", denkt hinter etwas her – nämlich einer Beziehung zu dem, der die Wahrheit ist. Wahrheit gibt es nur in Beziehung, und das ist postmodern.

▓ Ich habe mich als ordinierter westfälischer Pfarrer nach einem der vielen postmodernen Heimatwechsel meines Lebens nicht dafür entschieden, brav in meiner zugeordneten Kirchengemeinde mitzutun, koste es, was es wolle, sondern habe mit meiner Frau und einigen anderen angefangen, eine Gemeinde zu gründen, die so sein soll, wie wir uns Gemeinde erträumen. Ich lege Wert auf diese Freiheit.

▓ Als Hochschullehrer habe ich nicht mehr die Autorität, nur durch meinen Titel sagen zu dürfen, was wahr ist. Ich muss überzeugen und in Prozesse leiten, in denen plausible Positionen emergieren, also neu erstehen. Ich merke immer mehr, dass Wahrheiten dann einen Anker in Menschenköpfen finden, wenn diese Menschen sie für sich selbst entdeckt haben. Die althergebrachte Vorlesung wird eine immer schwierigere Veranstaltung, jedenfalls wenn es um Entdeckungszusammenhänge geht und nicht nur um Rundreisen in bestehenden Wissenslandschaften.

▓ Und als Pfarrer und Seelsorger halte ich es für wichtig, Menschen zu Ich-Stärke und eigener Entscheidungskraft zu führen, sie zu lehren, ihre Stärken zu entfalten. Ihnen die Autoritätshörigkeit auszutreiben, auch wenn es dadurch viel unbequemer in der Gemeinde zugeht. Aber ich möchte nicht mehr die Kraft und die Kreativität vermissen, wenn in der Gemeinde viele starke Menschen ihre Gaben für das vereinen, was Jesus schaffen will.

Und ich könnte die Reihe der Beispiele noch beliebig verlängern: Die Postmoderne bin auch ich!

Nicht postmodern ist meine Ehe: nahezu 28 Jahre mit derselben Frau verheiratet zu sein, das ist nicht postmodern. Die tiefe Überzeugung, dass Jesus, der Christus, mein Herr ist und es am besten auch ganz bald für viele andere wird, die ist nicht postmodern.

Darum ist es wichtig, sich klarzumachen: Die Moderne ist nicht einfach verschwunden. Vielmehr steht Modernes und Postmodernes nebeneinander. Das Ungleichzeitige ist gleichzeitig. In uns und in anderen steht mehr oder weniger unverbunden Modernes und Postmodernes beieinander. JOHN FINNEY fand dafür ein schönes Bild: Er spricht davon, wir seien alle „verrückte Vögel", „quaint birds" mit zwei unterschiedlichen Flügeln, der eine ganz modern, rational, technisch, traditionell, logisch argumentierend, skeptisch – und der andere ganz postmodern, intuitiv, pluralistisch, experimentell und spirituell offen.[16] Auch in der Gemeinde und in uns selbst kämpfen linkshirnige Dogmatiker mit rechtshirnigen Charismatikern – „we are a double-minded generation".[17]

MODERNES UND POSTMODERNES LEBEN IN- UND NEBENEINANDER

2.3 Keine Zeit ist an sich nur gut oder böse

Christen neigen manchmal zu pauschalen Urteilen und kritisieren dann die Postmoderne als neuen Erzfeind. Postmoderne aber ist ambivalent. Ihre Stärke, das ist wohl inzwischen deutlich geworden, ist Vielfalt und die Freiheit, sich selbst neu zu erfinden, die Ketten des Vorgegebenen abzustreifen und zu wählen, was und wer ich sein will. Was ich wähle, ist meine Wahl. Authentisches Leben, auch authentisches Glauben wird möglich. Ich glaube nicht mehr, weil es alle vor mir schon taten. Ich kann auch korrigieren, meinem Lebensweg eine neue Richtung geben. Und das alles ist gut so!

Die Schwäche ist das unterschätzte Risiko: das Risiko, zu scheitern, das Risiko, falsch zu wählen und sich dabei zu verfehlen und das eine

---

[16] JOHN FINNEY: Emerging Evangelism. London 2004, 37. Dieses lesenswerte Buch ist auch inzwischen in deutscher Sprache in der Greifswalder Reihe „Beiträge zu Evangelisation und Gemeindeentwicklung (Praxis)" erschienen: John Finney: Wie die Gemeinde über sich hinauswächst. Neukirchen-Vluyn 2007.

[17] A. a. O., 40.

Leben, diese „letzte Gelegenheit" (MARIANNE GRONEMEYER) zu verspielen. Eine große Unsicherheit kann überforderte „Wahlberechtigte" ereilen. Entscheidungen werden mit Vorbehalt getroffen. Beziehungen haben eine gewisse Brüchigkeit von Anfang an in sich. Hingabe an Wahrheit geschieht fast schon augenzwinkernd: Ich weiß ja, es ist alles nur Perspektive. Ein milder Nihilismus droht am Rande des postmodernen Lebensgefühls.

Und noch eine Schwäche hat die Postmoderne: Sie überschätzt Freiheiten und unterschätzt Schicksale, wissenschaftlich gesprochen: Kontingenzen. Großes Glück und schweres Leid lassen die vermeintliche Selbstkonstruktion zerplatzen. Plötzlich bricht etwas in mein Leben, das ich nicht gewählt habe, aber dessen Realität ich bedingungslos anerkennen muss, das mich *macht*, ob ich es will oder nicht. Da wird ein Kind geboren oder eine Krankheit zwingt mich nieder, da rast ein Auto in mich hinein oder ich fühle unerwartet Flugzeuge im Bauch, weil ich mich verliebe. Dann aber stellt sich die Frage, wie ich fertig werde mit dem, was mir geschickt ist und zufällt.

3. Wie sieht Mission in postmoderner Zeit aus?

Ich beginne mit der Frage nach der Wahrheit der Verkündigung:[18]

3.1 Inkarnatorische Homiletik – Predigen aus der Wehrlosigkeit des Evangeliums

Ein Aspekt der Postmoderne ist der Verlust der kulturellen Einheit. Unsere Gesellschaft ist nicht mehr christlich. Natürlich spielt das Christen-

---

[18]   Vgl. auch MICHAEL HERBST: Evangelisation und Gemeindeaufbau. In: HARTMUT BÄREND und ULRICH LAEPPLE (Hg.): Dein ist die Kraft – Für eine wachsende Kirche. Grundlagen – Perspektiven – Ideen. Leipzig 2007, 71-92.

tum noch immer eine *prominente* Rolle, aber eben nur noch *eine* prominente Rolle. Im Osten (mehr) und im Westen (noch etwas weniger und aus anderen Gründen) haben sich viele Menschen ganz vom christlichen Glauben abgewandt oder ihn nie kennengelernt. Im Osten (weniger) und im Westen (mehr und seit Langem) leben viele Menschen mit formaler Kirchenmitgliedschaft, aber ohne innere Bindung an das Evangelium. Im Osten und im Westen gleichermaßen leben Menschen, die in einer globalisierten Welt vom Plural der Wahrheiten nicht nur gehört haben, sondern die ein Wahrheitsmonopol für völlig unerschwinglich halten. Dass von Jesus Christus alles ausgeht, was für Leben und Sterben nötig ist, ist darum keineswegs mehr selbstverständlich. Zwar wird noch immer, vor allem wenn großes Glück oder große Not das Leben ereilen, den Kirchen ein gewisser Vorsprung an Kompetenz zuerkannt: Sie können offenbar etwas besser als andere mit solchen Situationen umgehen. Aber es bleiben die seltenen Stunden, in denen die Menschen dann in die Kirchen eilen: nach dem 11. September und vor dem Irakkrieg, nach dem schlimmen Unfall, bei der Geburt oder zur Hochzeit.

Wir bezeugen nun das Evangelium von Jesus, dem Gekreuzigten und Auferstandenen. Wir tragen das Geheimnis, dass Jesus der vorzügliche Arzt unserer Seelen ist. Wir möchten Menschen helfen, mit ihrem Leben in seine Nähe zu geraten. Er hat die Kraft, Unverzeihliches zu vergeben. Er gibt Mut, unserem Leben neue, gute Richtungen zu geben. Er

WAS UNS DAS EVANGELIUM BEDEUTET

hilft uns, zwischen Gut und Böse zu unterscheiden. Von ihm kommt der Mut, Beziehungen verlässlich und dauerhaft zu gestalten. Weil er treu ist, werden wir in seiner Nähe treu. Wenn wir Menschen loslassen müssen, wissen wir ihn an ihrer und an unserer Seite. Wenn uns das Leben geprügelt hat, werden wir in seiner Nähe Trost und Heilung finden. Wenn wir uns nutzlos fühlen, zeigt er uns unsere Gaben und beteiligt uns an seiner Mission. Wenn uns das Sterben Angst macht, spricht er uns eine ganze Ewigkeit zu.

Aber das wird nicht *a priori*, mit dem Bonus einer unhinterfragten Wahrheit anerkannt. Das Monopol auf Wahrheit und Lebenshilfe haben wir definitiv verloren. Das ist anstrengend, aber nicht hoffnungslos. Wir stehen also wehrlos da. Aber: Schadet das der Verkündigung? Schadet das dem Zeugnis von Jesus? Es ist doch so, dass *wir* die Perspektive gewonnen haben, dass Jesus der gekreuzigte und auferstandene Herr ist – Weg, Wahrheit und Leben (Joh 14,6). *Wir* kennen nichts anderes als ihn (1 Kor 2,2). Andere haben diese Perspektive nicht. Wir können sie auch nicht demonstrativ als wahr beweisen. Wir können sie *nur* bezeugen. Und der andere kann sie *nur* wählen.

Und dazwischen passiert das Geheimnis: Der Geist Gottes ist es, der im anderen die Einsicht weckt und die Bereitschaft schafft, sich auf diese Perspektive einzulassen. Das Evangelium hat eine eigene Durchsetzungskraft im Herzen der Menschen, eine sanfte Überzeugungskraft und eine stille Macht, mit der es die Bitte des Auferstandenen um Vertrauen an den Kopf und das Herz des nicht glaubenden Menschen heranträgt. Das ist zutiefst evangelisch. Wir brauchen keine äußere Macht über andere Menschen. Im Gegenteil: Sie wäre eher gefährlich, eher ein *malum* als ein *bonum*. Wir brauchen keine Anerkennung der Wahrheit des Christentums *a priori*. Im Gegenteil: Jetzt kann der Glaube nicht mehr mit einer mehr oder weniger erzwungenen Unterwerfung unter die Mehrheitskultur verwechselt werden. Glaube entsteht durch den Geist Gottes, wann und wo er es will.

Wir können ganz gelassen sein. Wir brauchen kein Wahrheitsmonopol: Der eine, der die Wahrheit ist, wird von uns bezeugt und begegnet dem anderen, der nach Hilfe und Heilung sucht. **WIR BRAUCHEN KEIN MONOPOL AUF WAHRHEIT** Dazu ist nicht die kulturelle Dominanz des Christlichen nötig und dazu ist nicht der fraglose, allgemein anerkannte Anspruch auf Absolutheit zu fordern. Wir bezeugen Jesus, und die Wahrheit selbst macht Menschen frei (Joh 8,32), sich festzulegen auf den Weg des Glaubens. Der ist dann auch authentisch, nicht mehr nur Tradition, sondern Entscheidung. In unserer postmodernen Schwachheit wird die Kraft des Evangeliums auf neue Weise mächtig (2 Kor 12,9). So wie die Schrift in der Geschichte der Kirche nicht kleinzukriegen war, selbst von einer ungehorsamen Kirche nicht, so ist auch das Evangelium selbstmächtig aus der Unscheinbarkeit heraus.

Diesen Weg hat Gott selbst erwählt, als er Mensch wurde. Wie soll Gott sich auch sonst vermitteln? Gott sehen und sterben, das wäre eines, so lehrt es uns das Alte Testament. Also wählte Gott den Weg der Wehrlosigkeit und Machtlosigkeit. Das Kind in der Krippe und der Mann am Kreuz sind Gottes wehrlose Selbstoffenbarungen. Er geht das Risiko ein, ohne Autorität zu sein und damit verwechselbar. Er verzichtet auf die machtvolle Demonstration göttlicher Macht. Nur durch begegnungsstarke Liebe gewinnt er Menschen.

Daran muss die Predigt Anschluss suchen. Also: Wir glauben an den einen Herrn für alle Menschen, aber wir können ihn nur bezeugen als Menschen, die in der Außenwahrnehmung eine von vielen religiösen Perspektiven vertreten. Wir kommen mit nichts als mit der „Autorität des bittenden Christus".[19] Dem Menschen, der postmodern zum Gott werden muss, sagen wir den Gott an, der Mensch wurde.

„INKARNATORISCHE HOMILETIK"?

Über das, was die Inkarnatorische Homiletik in sich schließt, möchte ich nur sechs (und das ist die Zahl der Unvollkommenheit!) Andeutungen machen:

Inkarnatorische Homiletik

- ist gehorsam im Hören, aber sie lebt nicht im „Besitzen" und „Haben" (Apg 10);
- erzählt mehr und behauptet weniger und schafft so Räume probehalber Identifikation;
- ist nicht das Ende, sondern der Anfang eines Gesprächs;
- sucht die Vielfalt der Ausdrucksformen;
- verzichtet auf Mittel der Macht;
- eröffnet Räume der Wahl.

---

[19] EBERHARD JÜNGEL: Die Autorität des bittenden Christus. In: Ders.: Unterwegs zur Sache. Theologische Bemerkungen. München 1972, 179-188.

Im Detail bedeutet das:

- Inkarnatorisch ist eine Homiletik, die unbedingt gehorsam sein möchte, wenn es um das Wort der Schrift geht, also eine hörende Homiletik. Eine hörende Homiletik ist aber etwas anderes als eine schon im Voraus wissende Homiletik, die das Evangelium schon „kennt" und „besitzt", bevor sie es in einem neuen Kontext unter neuen Perspektiven auch neu gehört hat. Die wiederholte Konversion des Petrus in Apg 10 steht für die Gefahr des Habens und Wissens: Petrus musste erst eine neue Seite des alten Evangeliums kennenlernen, die zwar immer schon zum Evangelium gehörte, aber von ihm erst in einer neuen Situation entdeckt werden konnte: Gottes Ja zu den Heiden. Petrus wusste davon nichts, und es kostete Gott einige Mühe, ihn von dem zu überzeugen, was er ab jetzt wissen und beherzigen sollte. Freilich schafft die Schrift den Raum, in dem Wahrheit bezeugt wird, und dieser Raum erlaubt Weite und hat Grenzen. Er ist gerade nicht beliebig.

- Inkarnatorisch ist eine Homiletik, die eher erzählt als behauptet. Die Erzählung öffnet einen Raum, in dem der andere sich anschauen kann, wie sich der Glaube verleiblicht, wie er das tatsächliche, oft zerbrechliche, in vielem auch gebrochene Leben berührt. **ERZÄHLEN!** Die Erzählung ist nicht autoritär wie die Behauptung, die leicht doktrinär wirkt. Aber sie bietet die Chance zur probeweisen Identifikation. Das Ich des Predigers als Zeuge, der Bericht von Menschen, die zu glauben wagten, und vor allem die Erzählungen der Bibel eröffnen solche Räume.

- Inkarnatorisch ist eine Homiletik, die sozusagen nur die Eröffnung eines Gesprächs ist, in dem dann der Angeredete auch zum Mitredenden wird. Die Predigt kündigt das Kommen Christi an und lädt in die Gemeinschaft derer ein, die am Tisch des Herrn ihn selbst kennenlernen, mit ihm und über ihn reden und ihn so besser kennenlernen. Predigt ist nicht erschöpfender Vortrag der Wahrheit, sondern Auftaktrede eines gemeinsamen Entdeckens der Wahrheit in Gemeinschaft. Dass dabei gerne mit vollem Mund geredet wird, das

lernen wir an der Kultur des Evangeliums, etwa im Lukasevangelium
(PETER BÖHLEMANN).[20]

- Inkarnatorisch ist eine Homiletik, die zeigt, was sie **PREDIGT, DIE ZEIGT,**
sagt, und die mit allen Ausdrucksformen arbeitet, **WAS SIE SAGT**
die Menschen heute erschlossen sind: mit dem
Wort, ja, gewiss, aber eben auch mit dem Bild, mit Film und Kunst,
mit Musik und Drama, mit Symbolen und Ritualen, mit allem, was
leiblich spürbar macht, dass es um die Liebe Gottes geht.

- Naheliegend ist der Verzicht auf alle Mittel der Macht: Suggestion
und Manipulation, Druck und Zwang jeder Art verbieten sich für eine
solche Homiletik. Ohne den „Willen zur Macht" zu predigen, ist eine
Übung, die einen kritischen Blick auf Habitus und Gestus des Predi-
gens, auf Wort- und Bildwahl, auf Appelle und Behauptungen wer-
fen lässt, und vielleicht erscheint diese Übung selbstverständlicher,
als sie wirklich ist.

- Und angesichts der Tatsache, dass Glaube nicht mehr tradiert, sondern gewählt wird, haben wir auch neu nachzudenken über Räume,
in denen z. B. Erwachsene wählen können. Wie kann ich leiblich aus-
drücken, dass mir Gottes Liebeserklärung das Herz abgewonnen hat?
Wo kann ich beten und bekennen, mich segnen lassen, mein Taufe
bestätigt bekommen?

Kürzer, weil schon bekannter sind zwei weitere Aspekte der Mission in
postmoderner Zeit.

3.2 Gemeinde formen in der Vielfalt der Strukturen

Die Diskussion um das EKD-Impulspapier „Kirche der Freiheit" zeigt,
dass dies immer noch der vielleicht schwierigste Punkt ist, wenn wir
über spirituelles Gemeindemanagement in postmoderner Zeit sprechen.

---

[20] PETER BÖHLEMANN: Wie die Kirche wachsen kann und was sie davon abhält.
Göttingen 2006, 37-47.

Denn es geht hier um das, was uns offenbar in unserer Kirche am meisten Angst macht: die Veränderung unserer kirchlichen Strukturen. Vormoderne und moderne Organisationsformen bekommen in manchen kirchlichen Verlautbarungen den Rang von Glaubensgütern. Postmoderne Wahlfreiheit und Vielfalt wird nicht geschätzt, und allein dadurch werden die Kontaktflächen der Kirche unnötig minimiert.

Es beginnt mit der Frage nach den gemeindlichen Geselligkeitsmustern. Denn die Frage stellt sich nun, wie sich die Gemeinschaft des Glaubens gestaltet. Und da ist es zweifelsohne richtig, dass das bürgerlich Vereinsmäßige nicht für „jedermann" geeignet ist. Wir brauchen eine Brücke zwischen der Verbindlichkeit und Verbundenheit gemeinsamen Lebens einerseits und den komplizierten Lebensläufen und Alltagsformen unserer Zeitgenossen andererseits. Das klassische Programm der Parochie wie die klassische Trias des Gemeindeaufbaus mit Gottesdienst – Hauskreis – Mitarbeit können diese Brücke nicht mehr schlagen. Wir brauchen hier mehr Fantasie, neue Zeitmuster und Geselligkeitsformen, gerade wenn es uns auch um Führungskräfte in der Kirche

WAS UNS ANGST MACHT: VERÄNDERUNG DER STRUKTUREN

geht: Mittagsgebete in der City, Bibelwochenenden in erholsamem Ambiente, Hauskreise auf Zeit, monatliche „Frühschichten" für Führungspersonal usw.[21]

Wir brauchen ein Ja zum Plural in missionarischer Perspektive. Freilich macht dieses Ja nur Sinn, wenn der Plural in der Kirche zugleich missionarisch wird. Das Ja zum Plural und die Liebe zur Mission müssen sich vermählen. Mission wird sich dann pluralisieren und der Plural wird sich mehr und mehr dem Missionarischen verschreiben. Darum geht es. Dabei wissen wir, dass wir die Menschen nicht mehr pauschal für uns vereinnahmen können. Nur hören wir nicht auf, sie gewinnen zu wollen.

---

[21] Siehe hierzu ausführlicher S. 33ff.

3.3 Plurale Evangelisation

Zum Schluss dieses Kapitels möchte ich an einen der Kerntexte des Neu-
en Testaments erinnern, das Manifest einer machtlosen, inkarnatorischen,
fantasievollen Mission in 1 Kor 9,19-23: „Denn obwohl ich frei bin von jedermann, habe ich doch mich selbst jedermann zum Knecht gemacht,
damit ich möglichst viele gewinne. Den Juden bin ich wie ein Jude geworden, damit ich die Juden gewinne. Denen, die unter dem Gesetz sind,
bin ich wie einer unter dem Gesetz geworden – obwohl ich selbst nicht unter dem Gesetz bin –, damit ich die, die unter dem Gesetz sind, gewinne.
Denen, die ohne Gesetz sind, bin ich wie einer ohne Gesetz geworden –
obwohl ich doch nicht ohne Gesetz bin vor Gott, sondern bin in dem
Gesetz Christi –, damit ich die, die ohne Gesetz sind, gewinne. Den Schwachen bin ich ein Schwacher geworden, damit ich die Schwachen gewinne.
Ich bin allen alles geworden, damit ich auf alle Weise einige rette. Alles
aber tue ich um des Evangeliums willen, um an ihm teilzuhaben."

Paulus setzt alles daran, möglichst viele Menschen zu erreichen. Dabei ist er zu einer gewagten, durch seine Mission motivierten Selbstver-
leugnung bereit. Das ist die eine Seite des Textes: Wenn er nur Menschen
erreicht, will er von allem absehen, was ihm lieb und wichtig, ja heilig ist;
er will allen alles werden, nur um Menschen für Jesus zu gewinnen. Die
andere Seite des Textes aber zeigt: Die Menschen sind so verschieden und
brauchen darum verschiedene Zugänge zum Glauben. Paulus erträgt es
nicht, wenn ganze kulturelle oder ethnische oder religiöse oder geografische oder soziale Segmente vom Evangelium nicht erreicht werden.

Die Sinus-Studie etwa nimmt die unterschiedlichen „Lebenswelten"
in Deutschland in den Blick. „In insgesamt zehn sozialen Milieus werden jeweils Menschen zusammengefasst, die sich in Lebensweise und
Lebensauffassung ähneln, d. h. verwandte Wertprioritäten, soziale La-
gen und Lebensstile haben."[22] Die Milieus unterscheiden sich zum einen

---

[22] Milieuhandbuch „Religiöse und kirchliche Orientierungen in den Sinus-Milieus®
2005". Im Auftrag der Medien-Dienstleistung GmbH München 2005, I.

Die Sinus-Milieus® in Deutschland 2007
Soziale Lage und Grundorientierung

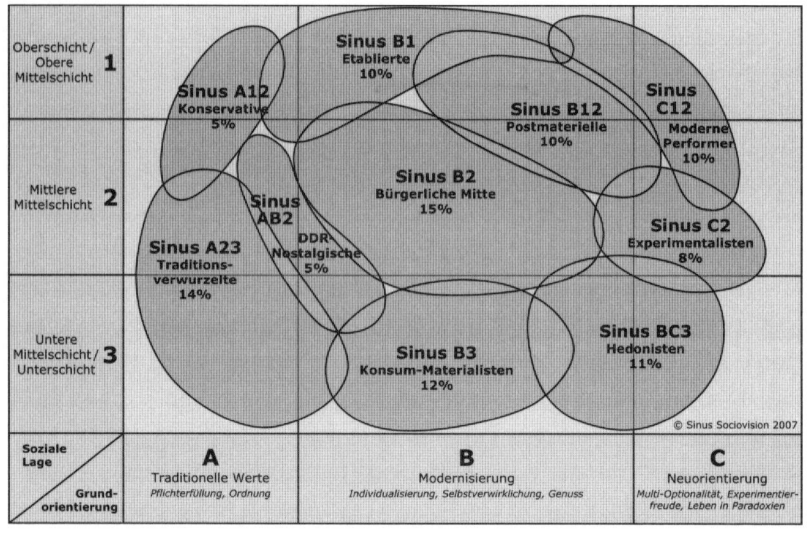

Oberschicht/Obere Mittelschicht **1**	Sinus A12 Konservative 5%	Sinus B1 Etablierte 10%	Sinus B12 Postmaterielle 10%	Sinus C12 Moderne Performer 10%
Mittlere Mittelschicht **2**	Sinus AB2 — Sinus A23 Traditions-verwurzelte 14%	DDR Nostalgische 5% — Sinus B2 Bürgerliche Mitte 15%		Sinus C2 Experimentalisten 8%
Untere Mittelschicht/Unterschicht **3**		Sinus B3 Konsum-Materialisten 12%	Sinus BC3 Hedonisten 11%	

© Sinus Sociovision 2007

Soziale Lage / Grundorientierung	A Traditionelle Werte Pflichterfüllung, Ordnung	B Modernisierung Individualisierung, Selbstverwirklichung, Genuss	C Neuorientierung Multi-Optionalität, Experimentierfreude, Leben in Paradoxien

SINUS SOCIOVISION

nach ihrem sozialen Status (1, 2, 3 für Unterschicht/Untere Mittel-schicht, Mittlere Mittelschicht, Obere Mittelschicht/Oberschicht), zum anderen nach dem Grad ihrer Traditionslenkung bzw. Modernisierung (A, B, C für Menschen mit traditionellen Werten, modern Orientierte und Postmoderne oder „Neuorientierte"). Zwischen 5% und 15% der Bevölkerung gehören dann jeweils zu einem Milieu. Es gibt dann z. B. das Milieu A23, d. h. Menschen, die traditionell denken und leben und eher zur Unterschicht bzw. unteren und höchstens mittleren Mittelschicht gehören – das ist etwa ein klassisches Arbeitermilieu. Oder es gibt das Milieu C2, das sind postmoderne Experimentalisten aus der Mittelschicht. Interessant ist, dass Sinus im Unterschied zu anderen Mi-

DIE SINUS-MILIEU-STUDIE

lieustudien auch ein Milieu AB2 kennt, das sind „DDR-Nostalgiker", also traditionell bis modern orientierte Menschen der unteren und mittleren Mittelschicht in Ostdeutschland.

Kirchlich relevant wird die Sinus-Studie, weil sie nachweist, dass die traditionell kirchlich gebundenen Milieus schrumpfen (eher Milieus im A-Bereich) und dass es der Kirche enorm schwerfällt, in sich stärker modernisierende oder postmoderne Milieus vorzustoßen. Demnach sind wir stark im Bereich der eher Konservativen und Etablierten und sicher in der Bürgerlichen Mitte und bei Traditionalisten. Wir sind aber schwach bei den Eliten, schwach bei den jungen Hedonisten und sicher auch schwach bei den Konsum-Materialisten und bei den Modernen Performern wie auch bei den Experimentalisten. Gerade bei postmodernen Menschen gibt es zwar durchaus eine gewisse religiöse Offenheit, aber sie sind in aller Regel nicht kirchlich gebunden. Kurzum: Die Kirchen haben ein enormes Milieuproblem. Ihre Mission ist nicht ausreichend auch „Inkarnation ins Milieu" (GERHARD WEGNER).[23] Unsere Sozialformen und missionarischen Bemühungen, gerade auch unsere evangelistischen „Events" mögen zwar den hehren Anspruch haben, „für alle" etwas zu bieten und „für jeden" offen zu sein, aber die Wirklichkeit ist eine andere. Wir gewinnen nicht möglichst viele, sondern nur manche in manchen, tendenziell älteren Milieus.

VERGREISUNG DER GOTTESDIENST-GEMEINDEN

MICHAEL EBERTZ hat in immer neuen Anläufen die Vergreisung der Gottesdienstgemeinden und die soziale Schließung der Parochien kritisch beleuchtet. Er sagt z. B.: „Die vielfältigen sozialen und kulturellen Begrenztheiten und Beschränktheiten des kirchlichen Lebens, insbesondere des parochialen Gemeindelebens, scheinen also ... darin zu kulminieren, ganze Bevölkerungsgruppen, voran die Mehrheit der Jugendlichen, aus dem kirchlichen Kommunikations- und Handlungszusammenhang – sicher ungewollt, aber faktisch – auszuschließen bzw.

---

[23] GERHARD WEGNER: „Niemand kann aus seiner Haut" – Zur Milieubezogenheit kirchlichen Lebens. PTh 89 (2000), 53-70, 68.

ihnen das Leben schwer zu machen."[24] Und im selben Zusammenhang:
„Meine These ist, dass die in solchen Befunden zum Ausdruck kom-
menden kommunikativen, sozialstrukturellen, generationellen und
damit auch ästhetischen Milieuverengungen bereits erheblich dazu bei-
tragen, viele Menschen in Distanz, ja in absoluter Beziehungslosigkeit
zum kirchlichen Leben zu halten, nicht zuletzt auch Jugendliche."[25] Und
auch GERHARD WEGNER hat den Finger in diese Wunde gelegt und Kirchengemeinden als geschlossene Milieus bezeichnet.[26]

Zu ähnlichen Ergebnissen kommen die Fachleute, die die vierte EKD-
Mitgliedschaftsstudie „Kirche – Horizont und Lebensrahmen" (2002)
ausgewertet haben.[27] UTA POHL-PATALONG etwa schreibt zur Lebens-
stilanalyse der Mitgliedschaftsuntersuchung:

„Damit dürfte einerseits die Erkenntnis, dass Formen kirchlichen
Handelns nie gleichermaßen für alle Menschen attraktiv sein können,
endgültig unhintergehbar sein. Andererseits zeigt aber die Studie in
durchaus aufrüttelnder Weise, wie stark sich das kirchliche Handeln auf
bestimmte Lebensstiltypen – nämlich den hochkul-
turell-traditionsorientierten und den gesellig-tra-
ditionsorientierten, zum Teil auch den hochkultu-
rell-modernen – konzentriert, von denen die beiden
dominanten mehrheitlich zudem noch der gleichen
Altersgruppe der Seniorinnen und Senioren angehören. Weiter wird
deutlich, dass das Spektrum der kirchlichen Sozialformen und Handlungsfelder, wie es sich in den letzten Jahrzehnten ausdifferenziert hat,
im Bewusstsein der Mehrheit der Kirchenmitglieder noch nicht als ‚Kirche' verankert ist. Dass ‚Kirche' nicht nur die klassische Ortsgemeinde
mit ihren agendarischen Gottesdienstformen und ihren lokal und fa-

**KIRCHE – MEHR ALS
DIE KLASSISCHE
ORTSGEMEINDE**

---

[24]   MICHAEL N. EBERTZ: Kirche im Gegenwind. Zum Umbruch der religiösen Land-
schaft. Freiburg ²1998, 129-139, 138.

[25]   A. a. O., 135.

[26]   GERHARD WEGNER, a. a. O.

[27]   WOLFGANG HUBER u. a. (Hg.): Kirche in der Vielfalt der Lebensbezüge. Die vierte
EKD-Erhebung über Kirchenmitgliedschaft. Gütersloh 2006.

miliär orientierten Gruppen und Kreisen ist bzw. sein muss, ist offensichtlich weder breit genug ausgeprägt noch hinreichend deutlich als ebenso legitime Formen von ‚Kirche' kommuniziert worden."[28]

Wir erreichen also viele nicht mit unserer gegenwärtigen kirchlichen (auch evangelistischen) Praxis. Und manchmal fürchte ich: Wir denken auch gar nicht daran, unsere Vorlieben für diese Menschen zu opfern (anders als in unseren Verlautbarungen). Sonst müssten wir uns einige selbstkritische Fragen stellen:

- Wen erreichen wir?
- Wen erreichen wir warum nicht?
- Welcher missionarische Ansatz erreicht wen (nicht)?
  - Wollen wir das ändern?
  - Wollen wir uns konzentrieren?
  - Wollen wir uns verabschieden?

IN WELCHEN MILIEUS IST KIRCHE NICHT PRÄSENT?

- Wie leben Menschen in „unerreichten Milieus"? Was beschäftigt sie, freut, ärgert, bewegt, besorgt, ermuntert, quält sie? Welche Medien nutzen sie? Welche Themen erregen ihre Aufmerksamkeit? Wie ist ihr Geschmack fürs Irdische und Ewige? Was sind die „do"- und „do not"-Sätze im Umgang mit ihnen? Was also schreckt sie, was „schließt" sie „auf"? Welche Geschichten haben sie zu erzählen? Welche Begabungen bringen sie mit?
- Sind wir ernsthaft bereit zur Begegnung, ja neugierig auf die Menschen, die noch nicht vom Evangelium berührt wurden?[29] Können wir uns vorstellen, mit ihnen und von ihnen zu lernen: Mit ihnen dem Evangelium neu zu begegnen und von ihnen zu lernen, wie denn Gemeinde in ihrem „Milieu" aussehen müsste? Möchten wir dort mitleben und Gemeinde werden? Möchten wir sie bei uns und uns bei ihnen sehen?

[28] UTA POHL-PATALONG: Kommentar „Lebensstile" und Kirche. In: A. a. O., 273-278, Zitat 274.

[29] THIES GUNDLACH: Zum Mentalitätswandel in der Kirche. Wie wächst kirchliche Qualität? PTh 97 (2008), 14-29.

Das Sinus-Handbuch buchstabiert das genau durch. Evangelisation in der Postmoderne wird das eigene Umfeld auf die vorhandenen Milieus hin befragen und dann passgenaue missionarische Bemühungen in Gang bringen. Das ist Kontextualisierung oder auch ein inkarnatorischer Gemeindeaufbau auf den Spuren Jesu, der „Fleisch" wurde und unter uns zeltete (Joh 1,14). Billiger ist es nicht mehr zu haben!

Und das bedeutet, dass wir uns in den missionarischen Arbeitsformen pluralisieren müssen, wenn wir uns nur einig sind in dem Wunsch, Menschen für Jesus zu gewinnen.

4. Emerging Churches – Gemeinden für die Postmoderne?

Am weitesten in Richtung auf eine pluralisierte Mission für Menschen in der Postmoderne gehen wohl die Gemeinden, die man etwas unscharf mit dem Begriff der Emerging Churches bezeichnet. Deren Ansatzpunkt ist die These, dass in einem sich wandelnden kulturellen Kontext die Strategien des „modernen Gemeindeaufbaus" nicht mehr angemessen sind und nicht mehr „greifen". Die Emerging Churches wollen eine Alternative für die Postmoderne darstellen.

MODERNER GEMEINDEAUFBAU – NICHT MEHR ANGEMESSEN?

4.1 Eine unbequeme Provokation

Diese „neu aufkommenden" Gemeinden stellen aus meiner Sicht die zurzeit größte Provokation dessen dar, was wir seit einer Generation unter „missionarischem Gemeindeaufbau" oder „Evangelisation" verstehen. Sie würden vieles von dem teilen, was bisher in diesem Aufsatz stand: Sie sehen nicht draußen die postmodernen Menschen und drinnen sich selbst als gleichsam zeitlose Christenmenschen. „Wir *selbst* sind

Menschen der Postmoderne", wäre ihre Antwort. Sie sehen sich als Menschen, die die Freiheit und zugleich den Druck erleben, sich selbst als Menschen des 21. Jahrhunderts immer neu „aufstellen" zu müssen. Sie fühlen die Gebrochenheit und Unsicherheiten eines Lebens nach dem Zeitalter sicherer Werte und suchen zugleich nach einem verbindlichen Leben in der Nachfolge Jesu. Sie empfinden eine große Loyalität mit verunsicherten und innerlich heimatlosen Menschen und verweigern sich einer Logik des „drinnen versus draußen". Sie tragen in sich die zerstörten Hoffnungen auf „große Erzählungen" wie die Wiederaufbaustory der Nachkriegsgeneration oder die Hoffnung auf eine gerechte sozialistische Gesellschaft usw. Ihnen ist es aber auch nicht genug, mit der „Generation Golf" das Leben einfach zu genießen, wie es kommt. Sie lieben die kleinen Geschichten kleiner Leute in der Bibel und im heutigen Leben, und wenn

SUCHE NACH EINEM VERBINDLICHEN LEBEN UND NACHFOLGE JESU

sie predigen, ist es narrativ und poetisch, leise und sensibel. Lange Gespräche lieben sie mehr als lange Vorträge. Sie suchen hier und dort, verbinden das Neue, das ihnen selbstverständlich ist, mit dem ganz Alten und Ehrwürdigen. Unbekümmert sind sie zuweilen, wenn sie sich mit religiös Suchenden austauschen: Eine Studentin, die zu einer Emerging Church gehört, erzählte von einem langen Gespräch auf einer Zugfahrt, in dem es darum ging, den Umgang mit Tarotkarten und mit Losungen miteinander zu vergleichen. Man schluckt! Dann zeigt sich wieder eine große Liebe zu Jesus, seinem Leben, seinen Worten und Taten. Ihre Leidenschaft für Institutionen ist allerdings gelinde gesagt schwach ausgeprägt, und sie scheuen sich nicht, Gemeinde jenseits der „ausgetretenen Pfade" der Kirchengemeinden und Landeskirchen neu zu erfinden. Sie haben ein starkes Empfinden für Armut und Not *und* eine große Sehnsucht nach einer spirituellen Lebensweise. Sie möchten einladen, ein Leben in der Nachfolge Jesu zu teilen, aber sie können nicht viel anfangen mit den Veranstaltungen, mit denen wir evangelisieren. Was sollen wir davon halten? Vielleicht müssen wir es erst einmal verstehen.

4.2 Der Begriff Emergenz

„Emerging" kommt vom englischen Verb „to emerge", lateinisch „emergere". Das Wort ist ungeheuer vielfältig: auftauchen, entstehen, schlüpfen, aufkommen, aufstreben, bekannt werden, zutage treten, sich als etwas entpuppen, sich zu etwas entwickeln. Damit ist mehr gemeint als etwas, das neu auftaucht, erscheint, mehr als etwas Neues, das etwas Altes ersetzt.

Emerging bezieht sich auf das Phänomen der Emergenz: Wenn bestimmte Komponenten zusammenkommen, ist das Ergebnis größer und anders als nur die Summe der Teile. Es entsteht unvorhersehbar etwas Neues. Wikipedia definiert es so: „Emergenz (lat. *emergere*: auftauchen, hervorkommen, sich zeigen) ist die spontane Herausbildung von Phänomenen oder Strukturen auf der Makroebene eines Systems auf der Grundlage des Zusammenspiels seiner Elemente. Dabei lassen sich die emergenten Eigenschaften des Systems nicht offensichtlich auf Eigenschaften der Elemente zurückführen, die diese isoliert aufweisen."[30]

Das Ganze ist eben mehr als die Summe seiner Teile.

Dass etwas Neues und Anderes aus der Begegnung des Evangeliums mit einer Kultur oder einem Milieu erwächst, wussten auch die Autoren von „Mission-shaped Church". Sie fanden aber eine andere Metapher für diesen Sachverhalt: die Einpflanzung eines Samenskorns in einen neuen Boden. Das Samenkorn stirbt, etwas Neues wird geboren. Ohne Bild: Wenn eine Gemeinde in einen neuen Kontext einwandert und sich das Evangelium dort inkarniert, entsteht etwas Neues im Zusammenkommen von Evangelium, Kirche und Kultur. Es ist nicht identisch mit dem, was die Kirche am alten Ort war, nicht identisch mit der Kultur, in die die Kirche einwandert. Es entsteht etwas Neues. Etwas, das nicht ableitbar ist und auch nicht vorhersagbar war.[31]

---

[30] http://de.wikipedia.org/wiki/Emergenz – Aufgesucht am 2. Februar 2008.

[31] Vgl. MICHAEL HERBST (Hg.): Mission bringt Gemeinde in Form. Neukirchen-Vluyn 2006, 76-81 (BEG-Praxis).

Und das ist nun ganz entscheidend: Sie können schier verzweifeln, wenn Sie verschiedene Emerging Churches miteinander vergleichen. Es gibt wohl Ähnlichkeiten, aber unter dem Strich dominieren die Differenzen. Und das liegt an der „Emergenz". Es ist also nicht begriffliche Schwäche, sondern notwendig, Teil des Wesens der Emerging Churches, dass höchst unterschiedliche Gemeinden „emergieren", wenn Evangelium, Kultur und Kirche aufs Neue zueinanderfinden.

ES GIBT NICHT *DIE* EMERGING CHURCH

Die Emerging Churches sind notwendigerweise nicht nur eine stark *heterogene* Bewegung von Christen, die in ihrem Umfeld und in ihrer jeweiligen Tradition auf die Herausforderungen der Postmoderne reagieren wollen, sondern auch eine prinzipiell *dezentrale* Bewegung, die z. B. an Kirchen und Kirchenbünden nur ein stark unterkühltes Interesse hat. Allerdings können Emerging Churches sich nicht-hierarchisch als ein Netzwerk von Gemeinden verstehen, sind also nicht notwendigerweise völlig kongregationalistisch.

4.3 Ein Protagonist der Emerging Churches: Robert Webber

ROBERT WEBBER hat für den amerikanischen Kontext versucht, die „younger evangelicals", wie er die Vertreter von Emerging Churches nennt, theologisch zu verorten. Dabei sieht er sie als ein Ergebnis der seit dem 2. Weltkrieg stattfindenden Ausdifferenzierung des Evangelikalismus in Amerika. WEBBER teilt die Zeit nach dem 2. Weltkrieg in drei 25-Jahresphasen auf:[32] die „traditional evangelicals" mit BILLY GRAHAM als Protagonist, dann die „pragmatic evangelicals", das ist die Generation der „baby boomer" mit BILL HYBELS als Protagonist, und schließlich die „younger evangelicals", die postmodern geprägte

---

[32] Vgl. ROBERT E. WEBBER: The Younger Evangelicals. Grand Rapids 2002, 14-46. Den Hinweis verdanke ich meinem Kollegen MARTIN REPPENHAGEN am Institut zur Erforschung von Evangelisation und Gemeindeentwicklung in Greifswald.

Generation der Emerging Churches mit BRIAN MCLAREN als Protagonist.

Ich finde diese Einteilung in Generationen sehr anregend, weil wir hier auch drei Stile von Evangelisation und Gemeindeentwicklung sehen können. Diese drei Stile existieren nebeneinander, und auch bei uns können wir sie beobachten: Sie haben z. B. die klassische Zelt-Evangelisation (erste Generation), die Pro-Christ-Veranstaltungen, dann aber auch die Seeker Services, also diverse Modelle von Zweitgottesdiensten (zweite Generation unter dem Einfluss von Willow Creek) und den Emmaus-Glaubenskurs, die Thomas-Messe und andere eher wieder interaktive neue Gottesdienste (dritte Generation). Und Sie haben strukturell traditionelle Landeskirchliche Gemeinschaften, dann eher moderne, wiederum von Willow Creek geprägte Gemeinden und einige wenige eher postmoderne Gemeinden. Und das alles existiert nicht nacheinander, sondern nebeneinander. Willkommen in der Postmoderne!

DREI STILE VON EVANGELISATION UND GEMEINDEBAU IN DEUTSCHLAND

Mit den Überlegungen zur Zugehörigkeit der Emerging Churches zur evangelikalen Bewegung haben wir aber ein nächstes wichtiges Merkmal zu benennen: Oftmals sind Emerging Churches klarer in der Abgrenzung als in der Positionierung: Sie sind anti- und post-xxx:

4.4 Emerging Churches sind „post" und auch „anti"

Die Emerging Churches haben ein starkes Bedürfnis, sich gegen Vorheriges und Anderes abzugrenzen.[33] Immer geht es darum, wovon sich Emerging Churches verabschieden:[34]

---

[33] Besonders viele Hinweise bekam ich für diesen Abschnitt aus dem Buch von EDDIE GIBBS und RYAN BOLGER: Emerging Churches. Grand Rapids 2005.

[34] Vgl. zur Geschichte der Emerging Churches EDDIE GIBBS UND RYAN BOLGER, a. a. O., 30-34.

Emerging Churches sind post-evangelikal[35] und auch post-charismatisch. An einigen Stellen grenzen sich die Emerging Churches immer wieder von ihren evangelikalen Ursprüngen ab. Das kann vieles betreffen, vor allem aber betrifft es immer wieder die Art und Weise der Evangelisation. Sie sehen in vielen Evangelisationsstrategien einen Verrat an der Liebe Jesu: Die Freundschaftsevangelisation sehen sie z. B. in der Gefahr, nur aus taktischen Gründen Beziehungen aufzubauen, um den betreffenden Menschen möglichst schnell via Bekehrung der eigenen Schar hinzuzufügen. Sie sagen: Hier wird zwar Beziehung aufgebaut, hier wird vielleicht sogar in den Gottesdiensten viel Rücksicht genommen, aber letztlich gibt es eine „hidden agenda", die der andere erst nicht durchschaut: Er soll zu etwas gebracht werden, was er mindestens jetzt noch nicht will. Nach dieser ja sehr bedenkenswerten Überlegung gehen allerdings die Wege weit auseinander. Viele verzichten auf evangelistische Bemühungen, andere nehmen sich nur in Acht und versuchen, wirklich den Menschen um seiner selbst willen zu lieben und das Zeugnis des Glaubens nur dann einzubringen, wenn es situationsgerecht möglich und somit in jeder Hinsicht zwanglos ist.

KEINE „HIDDEN AGENDA"

Die meisten definieren Evangelisation neu als etwas, das nur in einer authentischen Haltung des Dienens legitim ist: wenn etwa Christen sich aus ganzer Überzeugung diakonischem Tun widmen und dann Menschen fragen, warum sie das tun. Oder wenn in einer Beziehung das Gebet für einen anderen Menschen eine Rolle spielt und wir ihn auch wissen lassen, dass wir für ihn beten. Evangelisation geschieht also defensiver und sie geschieht eher als ein Moment in einem Beziehungsgeschehen. Evangelistischen Veranstaltungen stehen die Emerging Churches häufig kritisch gegenüber, aber auch da gibt es große Unterschiede. Generell neigen sie dazu, der Evangelisation durch Proklamation die Evangelisation durch Präsenz gegenüberzustellen und zu sagen: Ihr sollt nicht das Evangelium sagen, ihr sollt es sein: „Be good news! – Und dann sprich meinetwegen auch

---

[35] Den Begriff prägte DAVE TOMLINSON. Vgl. a. a. O., 34-39.

darüber. Auf keinen Fall aber darf dein Leben etwas anderes predigen als deine Worte." Man kann aber nicht sagen, dass es den meisten Emerging Churches nicht wichtig sei, ob Menschen zu einer persönlichen Beziehung zu Jesus Christus finden. Darum heißt post-evangelikal eben: evangelikal in einem neuen Sinn, aber nicht anti-evangelikal.

Darum sind viele Emerging Churches auch post-liberal. Man könnte denken, dass sie angesichts ihrer hohen Wertschätzung von sozialem Einsatz, Diakonie, Kampf für Gerechtigkeit, Frieden und Bewahrung der Schöpfung nur eine post-evangelikale Variante des „social gospel" sind. Aber das sind sie gerade nicht. Für die meisten Emerging Churches steht es außer Frage, dass sie an der Einzigartigkeit Jesu Christi festhalten. Sie verstehen das, was sie tun und leben, als Nachfolge des Gekreuzigten und Auferstandenen. Aber sie möchten das Evangelium ganzheitlich interpretieren. Deshalb sind sie kritisch, wenn sie den Eindruck haben, es gehe nur darum, dass Menschen möglichst einen sicheren Platz im Himmel haben. Dann wäre es egal, ob sich das restliche Leben ändert: Der bürgerliche Christ kann dann weiter munter Geld verdienen, er hat sozusagen eine religiöse Sahnehaube auf einem unveränderten Leben. Und der Arme darf auch ruhig arm bleiben – er hat ja jetzt zu Jesus gefunden, und was braucht er dann noch mehr? Dagegen bedeutet Evangelisation im Sinne der Emerging Churches sofort die Berufung zu einem Leben, das teilhat am Werk der Versöhnung und der Erneuerung der Erde und ihrer Menschen. Dennoch steht keine liberale Theologie hinter den Emerging Churches.

POST-PROTESTANTISCH Allerdings sind sie auch post-protestantisch, wenn nicht sogar post-denominationell und post-konfessionell. Konfessionen trennen, sie hängen an dogmatischen Streitigkeiten. Sie stehen für hierarchische Systeme. Sie sind eigentlich überholt in einer Welt, in der wir Einheit suchen und zugleich unendlich viel Verschiedenheit zulassen. Die Distinktionen der lutherischen und reformierten Dogmatik sind es nicht, die die Emerging Churches bewegen. Freilich sollten sie selbst nicht unterschätzen, dass sie selbst permanent systematische Voraussetzungen in ihrem Denken haben.

Nicht nur „post", sondern „anti" sind die Emerging Churches an einigen anderen Stellen, von denen ich nur zwei nennen möchte:

Sie sind definitiv anti-Mega-Church. Auch wenn ein paar Emerging Churches eigentlich selbst längst Mega-Churches sind, ist im Allgemeinen die Ablehnung der Mega-Churches einhellig. Viele Gründe spielen hier zusammen. Vor allem ist es das Empfinden, dass Mega-Churches in der Gefahr stehen, zu religiösen Konzernen zu werden. Sie finden nicht da statt, wo das wirkliche Leben stattfindet. Gemeinde ist aber nicht so sehr die Kirche am Sonntag, sie ist vielmehr das verbindliche Zusammenleben von Menschen in der Welt. Das Verbindende ist, dass sie Jesus und auch denen, die mit ihnen leben, verpflichtet sind. Aber das | **Definitiv anti Mega-Church** ist eben eher die Kirche als kleine Gruppe, die am Ort des Lebens existiert. Übrigens ist es gar keine Frage, dass hier Christen und Nichtchristen zusammen sind. Die „drinnen-versus-draußen"-Vorstellungen spielen ja sowieso keine große Rolle. Wir leben ja miteinander, oder? Die kleine Gruppe lebt für den Kontext, in dem sie existiert, und engagiert sich für die Menschen. In ihren Treffen kann man dabei sein und die Liebe Gottes kennenlernen, die Liebe Gottes zu uns und unsere Liebe zu Gott. Großes zahlenmäßiges Wachstum ist jenseits ihrer Prioritätenliste. Lieber sollte sich, wenn eine Gemeinde wächst, durch Zellteilung eine neue Gemeinde bilden, denn die überschaubare Gemeinschaft, die in einem bestimmten kulturellen und sozialen Kontext verwurzelt ist, ist ein höheres Gut als die beeindruckende Wachstumsrate. Die Mega-Churches sehen sie in der Gefahr, das Religiöse isoliert zu thematisieren und Menschen in einen religiösen Betrieb einzubinden, in klassischer Diktion: der Sammlung mehr Gewicht zu geben als der Sendung. Der Kleingruppen-Drall kann so weit gehen, dass selbst der Gottesdienst am Sonntag obsolet wird. Die Logik dreht sich dann um: Kleingruppe muss sein, Gottesdienst kann sein, ist aber im Extremfall auch überflüssig. Oft läuft die Kommunikation weitgehend über Mails, SMS, Blogs etc.

Und sie sind ebenso definitiv anti-consumerism. Es gibt etwa bei Eddie Gibbs und Ryan Bolger eine erklärte Absage an das Marktmodell des Glaubens. Jesus ist kein Produkt zur Befriedigung eines Bedürfnisses. Er ist der Herr, dem zu folgen ist. Hier kann man auch sagen: Es geht überhaupt nicht darum, Menschen die Entscheidung zum Glauben leicht zu machen. Im Gegenteil: Das darf richtig schwer sein. Hängt die Latte hoch! Macht es schwer! Die Leute sollen wissen, dass sie sich auf Nachfolge einlassen und nicht auf ein Produkt zur Steigerung ihrer Lebensqualität. Der „lebenstherapeutische" Anspruch, der z. B. ganz sicher bei Willow Creek gegeben ist, wird darum skeptisch gesehen. Gemeinde kann ja klein sein, aber es sollen Menschen sein, die das Kreuz Jesu bewusst tragen. Emerging Churches wissen auch, dass sie der Konsumgesellschaft nicht völlig entfliehen können, aber sie wollen ihr nicht erliegen, sondern betonen eher das konterkulturelle Element des christlichen Glaubens.

4.5 Dan Kimball als ein weiterer Protagonist der Emerging Churches

DAN KIMBALL ist sicher einer der bekanntesten Vertreter der Emerging Churches, und er steht innerhalb der US-amerikanischen Emerging Churches der evangelikalen Theologie und den Konzeptionen der Mega-Churches am nächsten, will diese aber in bestimmter Weise für die Postmoderne modifizieren. Bei ihm bekommen wir aber ein gutes Beispiel, wie sich bei Emerging Churches der Gottesdienst gegenüber den Seeker Services der Mega-Churches ändert – und damit einen Einblick in die evangelistische Strategie in der Postmoderne.[63] KIMBALL ist Pastor an der Vintage Faith Church in Santa Cruz. Und der Name dieser Gemeinde ist bereits das Programm: Vintage Faith, das ist das Altehrwürdige, das Hochwertige, das Ursprüngliche und Echte. Darum geht es im Gottesdienst der Emerging Churches.
Die Mega-Churches sprechen vor allem die Babyboomer an, die einen

---

[36] Vgl. DAN KIMBALL: The Emerging Church. Vintage Christianity for New Generations. Grand Rapids 2003.

gewissen kirchlichen Hintergrund haben. Die Botschaft heißt dann: „Wir sind ganz normal, und Kirche ist ganz anders, als ihr bisher gedacht habt! Wir haben hier einen tollen Sound und erstklassige Technik. Wir räumen alles weg, was euch an früher erinnert und allzu sakral vorkommt. Wir machen es euch ganz leicht: eure Musik, eine Atmosphäre wie in einer Messehalle, keine liturgischen Gewänder, Kerzen, Orgeln etc. Und ihr könnt ganz anonym bleiben, müsst nicht aufstehen, mitsingen oder gar Geld geben."

DER ANSATZ DER MEGA-CHURCHES

Jetzt aber kommt eine jüngere Generation, die größtenteils ohne jeglichen Kontakt zur Kirche aufgewachsen ist. Die haben kein negatives Vorbild. Vor allem aber suchen sie wieder etwas anderes als die Babyboomer. Sie suchen das Echte, das Andere. Sie suchen Vintage Faith. Der Beamer und die Band sind für sie nichts Besonderes mehr. Aber die geheimnisvolle Stimmung einer alten Kirche kann sie berühren. Und sie möchten mitmachen und sich nicht nur etwas vorsetzen lassen wie in einer Show. Sie wollen selbst Entdeckungen machen und entscheiden, wie und wo sie mitmachen. EDDIE GIBBS und RYAN BOLGER bringen es auf den Begriff: „The church continues to communicate a verbal, linear, and abstract message to a culture whose primary language consists of sound, visual images, and experience, in addition to words."[37]

Also plädiert DAN KIMBALL für einen „post-seeker-sensitive" Gottesdienst mit einem starken Gemeinschaftscharakter, der im Gegensatz zur Anonymität der Gottesdienste für Kirchendistanzierte steht.[38] Sakrales steht nun neben Modernem. Das bedeutet: Es findet durchaus ein „Cross-Over" statt. Es ist eben die Generation zwischen dem „Herrn der Ringe" und „Star Wars". Uraltes und Hypermodernes vermischen

---

[37] EDDIE GIBBS und RYAN BOLGER: A. a. O., 20. Übersetzung M. H.: „Die Kirche verkündigt weiterhin ein verbales, also wortlastiges, lineares und abstraktes Evangelium an Menschen in einer Kultur, deren Sprache viel stärker von Klang, Bild und Erlebnis geprägt ist – in Ergänzung zu den Worten."
[38] Vgl. DAN KIMBALL: A. a. O., 21ff. 35ff. 102ff.

sich zwanglos. Die Orgel muss nicht zurückkehren und der Beamer wird nicht verbannt. Aber es werden wieder Kerzen aufgestellt, das Licht heruntergedimmt, es gibt keltische Kreuze, es werden alte Texte vorgetragen. Die Worship-Bands spielen unplugged. Vielleicht sind sie auch von ihrem Platz vorne verbannt und spielen im Rücken der Gemeinde, zurückhaltend, ja nicht im Sinne einer Aufführung, sondern als Hilfe für die Anwesenden, sich ganz auf die Anbetung des dreieinigen Gottes zu konzentrieren. Alte Lieder kehren zurück und spirituelle Texte aus unterschiedlichen Zeiten werden rezitiert. Man sitzt beieinander, die Räume sollen Gemeinschaft und Gespräch ermöglichen. Man kann sich aber auch bewegen und eine der Gebetsecken aufsuchen oder sich kreativ betätigen, Bilder malen, meditieren oder ein Gespräch führen. Der Gottesdienst darf auf keinen Fall eine Show sein, die ich konsumiere. Es ist vielmehr eine Versammlung, in die ich mich einbringen kann. Dabei steht auch nicht unbedingt die Predigt im Zentrum: Sie ist nur ein mögliches Element. Wichtiger als Monologe sind eben Dialoge, Gespräche, in denen wir miteinander das Evangelium entdecken. Die Abläufe sind aufgelockert und können spontan variiert werden. Gegenüber den straff geplanten Seeker Services bleibt hier Raum für Spontanes und Variation. Es liegt an der Gemeinde, was passiert – unter Umständen auch etwas ganz anderes als ursprünglich geplant.

Eddie Gibbs und Ryan Bolger fassen das Phänomen der Emerging Churches zusammen: „Emerging Churches are missional communities arising from within postmodern culture and consisting of followers of Jesus who are seeking to be faithful in their place and time." Und: „Emerging Churches are communities that practice the way of Jesus within postmodern cultures."[39]

---

[39] Eddie Gibbs und Ryan Bolger: A. a. O., 28 und 44. Übersetzung M. H.: Emerging Churches sind missionale Gemeinschaften, die aus der postmodernen Kultur erwachsen. Sie bestehen aus Menschen, die Jesus nachfolgen und danach streben, in ihrer Zeit und an ihrem Ort dem Evangelium treu zu sein und glaubwürdig zu leben." Und: „Emerging Churches sind Gemeinschaften, die der Spur Jesu in postmodernen Kulturen zu folgen suchen."

4.6 Was bedeuten die Emerging Churches für die missionarische Verkündigung in der Postmoderne?

Was bedeutet diese neue Bewegung für unsere Frage nach missionarischer Verkündigung in der Postmoderne? Es ist sicher ein großer Gewinn, dass die missionarische Theologie nicht bei Willow Creek und Saddleback, bei Zweitgottesdiensten und Glaubenskursen, bei der Frage nach Parochie und Pfarramt stehen bleibt: Die Inkulturation des Evangeliums fordert in jeder Generation, jedem Milieu, jeder Kultur immer wieder neue Ansätze. Und das bedeutet: Die internationale Offenheit für neue Formen der Evangelisation und Gemeindeentwicklung ist atemberaubend, wenn man sie in Beziehung setzt zur deutschen Debatte, in der wir uns immer noch daran abarbeiten, ob es überhaupt Alternativen zur Parochie geben muss oder darf. Auch der ganzheitliche Missionsbegriff der Emerging Churches in seiner Orientierung an Jesus und dem Reich Gottes ist sicher ein Fortschritt. Er ist auch in der Lage, der Gefahr der liberalen Theologie zu entgehen, die sich auf „Suppe und Seife" reduzierte und das „Seelenheil" vergaß. Auch dass Schwächen evangelikaler Theologie kritisiert werden, finde ich richtig: Tendenzen zum „consumerism" etwa, einem gewissen religiösen Individualismus, der genießen, aber nicht verändern will, der Akzent auf der Verbindung von Glauben und Leben – das alles legt den Finger auf wunde Punkte.

INKULTURATION DES EVANGELIUMS

Es gibt auch Berührungspunkte: Auch im nun schon „traditionell" zu nennenden missionarischen Gemeindeaufbau tut sich etwas. Die modernen Formen werden postmodern ergänzt. Man kann das auch in Willow Creek spüren.[40] Man kann es den „Zweitgottesdiensten" abspüren, die wieder mehr Elemente der Beteiligung integrieren und ganz

---

[40] Vgl. GREG HAWKINS und CALLY PARKINSON: Reveal. Where Are You? The Answer Will Transform Your Church. Barrington 2007.

sicher einen eher narrativen als „dogmatischen" Predigtstil pflegen.[41]
Man kann es an der kleinen diakonischen Wende des missionarischen
Gemeindeaufbaus merken.[42] Man kann es auch am Wandel der Glaubenskurse sehen, etwa am Emmaus-Kurs:[43] Er setzt auf das Erleben einer gemeinsamen geistlichen Reise. Es geht um gemeinsames Entdecken
und nicht um das Hören langer Vorträge. Es geht um Denken und Erleben, keineswegs nur um kognitive Prozesse. Die spirituelle Offenheit
postmoderner Menschen erlaubt es, geistliche Übungen wie Gebet, Me-
ditation, Andacht, Singen, Bibellesen usw. in den evangelistischen Prozess einzubeziehen. Das Ganze geschieht in einer Gemeinschaft von
Gleichen, und es geschieht mit großer Geduld und langem Atem. Dabei
bleibt es das Ziel, Menschen im Glauben und in der
Gemeinde Jesu zu beheimaten.

**DIE GRENZEN
DER EMERGING
CHURCHES**

Vielleicht kann man noch einmal so sagen: Zwi-
schen dem Galileo-Prinzip und dem Lemminge-
Prinzip (s. o.) neigen die Protagonisten der Emerging
Churches manchmal etwas zu sehr dem Lemminge-Prinzip zu. Sie kri-
tisieren die Moderne und ihre Auswirkungen auf Evangelisation und
Gemeindeentwicklung scharf, übersehen aber die Gefährdungen der
Postmoderne und schießen dann über das Ziel hinaus:

- Dass Gemeinde auch so etwas wie eine „stabilitas loci" braucht, also
auch Strukturen, die es ihr ermöglichen, auf Dauer die Präsenz des
Evangeliums zu sichern, werden sie dann noch lernen müssen.
- Dass der Verbund mit anderen Gemeinden und die Korrektur durch
die Einbindung in einen größeren kirchlichen Kontext auch ein
Schutz vor eigener Verbiesterung ist und in Krisen Halt geben kann,
wird ihnen deutlich werden müssen.

---

41 Vgl. LUTZ FRIEDRICHS: Alternative Gottesdienste. Hannover 2007.
42 Vgl. MICHAEL HERBST: Evangelisation und Gemeindeaufbau. In: H. BÄREND und
U. LAEPPLE (Hg.): Denn dein ist die Kraft. Für eine wachsende Kirche. Leipzig 2007,
71 ff.
43 Vgl. MICHAEL HERBST (Hg.): Emmaus – Auf dem Weg des Glaubens. Handbuch.
Neukirchen-Vluyn ²2006.

▦ Dass die Kritik an überkommenen Formen der Evangelisation nicht bedeuten darf, allzu schweigsam und zurückhaltend zu werden, wenn es um das Christuszeugnis geht, werden sie hoffentlich mitvollziehen, denn wir sind ja auch dem postmodernen Menschen „Schuldner" hinsichtlich des Evangeliums (Röm 1,14).

**AUCH IM ÜBER-
KOMMENEN
LIEGEN CHANCEN**

▦ Dass die älteren Ausdrucksformen missionarischer Arbeit angesichts der Gleichzeitigkeit des Ungleichzeitigen nicht einfach chancenlos sind, wenn es darum geht, Menschen zu gewinnen, sollte ihnen deutlich werden.

Hier gibt es „Wachstumsbereiche", bei denen man den Emerging Churches wünschen muss, dass sie im Gespräch mit ihren älteren Geschwistern im missionarischen Gemeindeaufbau bleiben. Der konterkulturelle Aspekt der christlichen Mission ist immer das Korrektiv zur Inkulturation. Das heißt: Der tiefen Verwurzelung in einer Kultur entspricht auch die kritische Prophetie, die die Lieblosigkeiten und Gottlosigkeiten in einer Kultur aufdeckt.

Eines noch: Wenn man viele Texte aus der „Emerging-Church-Szene" liest, dann bekommt man manchmal den Eindruck, dass das Bemühen, nicht nur „good news" zu sagen, sondern „good news" zu sein, sehr euphorisch vertreten wird. „Wir können das Reich Gottes abbilden! Wir können die Liebe Gottes verkörpern!" Mit hohen und höchsten Worten wird vom Zeugnis des Lebens gesprochen. Und wieder droht Überdehnung, und es klingt dann etwas selbstgerecht, auch gegenüber anderen. Anders gesagt: Da ist zu wenig Nüchternheit gegenüber der eigenen Sünde und zu wenig Trost für Sünder, die merken, dass sie auch im besten emergenten Leben noch weit hinter dem zurückbleiben, was sie gerne wären und wohl auch sein sollten.

Freilich bleibt die unbequeme und heilsame Provokation: Es ist ja schon aufschlussreich, dass sich die Argumentationsmuster hier munter wiederholen: Der missionarische Gemeindeaufbau argumentiert zuweilen gegenüber den Emerging Churches ganz ähnlich wie vormals die traditionelle kirchliche Arbeit gegenüber dem missionarischen Gemeindeaufbau: „Nett, dass es euch gibt, aber vergesst nicht, dass unsere ehrwürdige Tradition sich bewährt hat. Wir hängen daran mit Herzblut! Wir lassen uns nicht einfach das Recht und den Platz bestreiten! Wer weiß schon, ob das, was ihr tut, Bestand haben wird!" Ist es also ein Generationenstreit? Fällt es den Protagonisten des missionarischen Gemeindeaufbaus schwer, den mühsam errungenen Stand aufzugeben und Platz zu machen für eine neue Generation? Vielleicht auch das! Mit

SICH ÖFFNEN FÜR HEILSAME PROVOKATIONEN

etwas mehr Abstand kann man freilich sagen: Angesichts der zunehmenden Ausdifferenzierung der Lebenswelten werden totale Alternativen immer fragwürdiger. Stets ging und geht es um die Frage, wie wir mit den Menschen in unserer Zeit und Kultur im jeweiligen sozialen Segment und in unterschiedlichen Milieus das Evangelium hören und erleben können. Wie werde ich den Vormodernen ein Vormoderner, den DDR-Nostalgikern ein DDR-Nostalgiker, den Bildungsbürgern ein Bildungsbürger, den neuen Armen in prekären Verhältnissen ein neuer Armer, den modernen Performern ein moderner Performer, den postmodernen Hedonisten ein postmoderner Hedonist und den postmodernen Experimentalisten ein postmoderner Experimentalist – und bleibe in allem ein Mensch, dessen Liebe und Loyalität bedingungslos und leidenschaftlich Jesus Christus gehört? Am Ende dieses Aufsatzes kann das nur als Frage stehen, denn allzu viele Antworten haben wir noch nicht. Die Suche geht weiter. Hoffentlich gemeinsam.

Anhang
Wachstum als Verheissung

Dan Peter

Die Entstehung des Projekts Wachsende Kirche

Seit den 80er-Jahren werden in vielen Gemeinden der Evangelischen Landeskirche in Württemberg vermehrt strukturierte geistliche Angebote wie Bibel- und Glaubenskurse, alternative Gottesdienstformen und „Gemeindeaufbaukonzepte", teilweise aus dem charismatischen, dem freikirchlichen oder dem universitären Bereich, aber auch aus dem angelsächsischen Sprachraum (*Alpha-Kurse*, Suchergottesdienste nach Willow-Creek-Vorbild, Anregungen von Church Planting oder der Emerging Church ...) ausprobiert.

So beteiligen sich beispielsweise seit 1993 zahlreiche Kirchengemeinden, oft in regional organisierten ökumenischen Aktionsgemeinschaften, an den Satelliten-Evangelisationen von ProChrist. Auffallend ist auch die Zunahme der sogenannten Alternativ- oder Zweitgottesdienste im Bereich unserer Landeskirche. Die Internetseite der Missionarischen Dienste in Württemberg listet dazu mittlerweile rund 400 Angebote auf.

Viele dieser Maßnahmen wurden und werden ohne Begleitung oder Kenntnisnahme der Landeskirche oder ihrer lokalen Gremien durchgeführt. Andere Modelle wurden jedoch über kirchliche Einrichtungen (EKD-Initiativen, Gemeindeberatung, Missionarische Dienste ...) initiiert und betreut, wie zum Beispiel die Aktion „neu anfangen" oder der EKD-Glaubenskurs „Christ werden – Christ bleiben". Vor Ort wurden solche Konzepte häufig weiterentwickelt und auch ganz Neues erprobt. So kann man im Raum unserer Landeskirche verschiedenste Entwicklungsstränge beobachten, nicht selten aber auch unnötigen Mehraufwand durch parallele Entwicklungen und manchmal auch Konzeptionen mit kritisch zu betrachtenden Zielsetzungen.

Eine weitere Anregung zum Projekt WACHSENDE KIRCHE ging 1999 von der EKD-Synode in Leipzig aus. Dort wurde unter anderem in der Kundgebung zum Schwerpunktthema „Reden von Gott in der Welt – Der missionarische Auftrag der Kirche an der Schwelle zum 3. Jahrtausend" festgehalten (IV, 1): *„Weitergabe des Glaubens und Wachstum der Gemeinden sind unsere vordringliche Aufgabe, an dieser Stelle müssen die Kräfte konzentriert werden. Dabei gibt es keine Alleinvertretungsansprüche. Wir werden dem missionarischen Auftrag nur gerecht, wenn wir eine Vielfalt der Wege und Konzepte bejahen."*

Damals und in den Folgejahren hatte unsere Landeskirche bereits mit großem Aufwand die Veränderungsprojekte *Wirtschaftliches Handeln, Notwendiger Wandel, Train The Trainer* und *Personalentwicklung* auf den Weg gebracht. Diese bearbeiteten Sach- und Strukturfragen wie ein neues Finanzmanagement und Rechnungswesen, Planen mit Zielen, stringente Steuerungskreisläufe, Qualitätsmanagement, Konzentration im Pfarramt, strukturelle und rechtliche Veränderungen auf Gemeindeebene, „geordnete" Mitarbeitergespräche und Zielvereinbarungsprozesse, Fortbildungsmaßnahmen für Multiplikatoren und vieles mehr. Doch wurde immer deutlicher, dass zusätzlich ein besonderes Projekt nötig ist, welches geistlich-theologische Aspekte in Veränderungsprozessen nicht nur mit bedenkt, das war in allen Projekten fester Bestandteil, sondern diese als zentrales Element und Schwerpunkt des Veränderungsprojekts setzt.

Deshalb kam aus der 13. Landessynode (Legislaturperiode 2001-2007) die Anregung, Konzepte mit geistlichen Schwerpunkten begleitet zu erproben, sie zu dokumentieren und geeignete Modelle als fakultative Anregungen für alle Gemeinden zu verbreiten.

Fast gleichzeitig wurde den Initiatoren bewusst, dass es bereits viel gelingende Arbeit zum Beispiel rund um die Kasualpraxis (Taufe, Konfirmation, Trauung, Bestattung), den Religionsunterricht oder die Kirchenmusik gibt, welche gefördert und verbreitet gehört.

Am 10. Juli 2004 wurde schließlich eine *Schwerpunkttagung der Landessynode* zum Thema „Wachsende Kirche" mit drei Impulsreferaten durchgeführt und ein Projektauftrag auf den Weg gebracht, der folgende Eckpunkte umfasste:

- Sicherung der Durchführung des Projektes,
- Einrichtung einer Projektstelle angegliedert bei den Missionarischen Diensten im Evangelischen Gemeindedienst für Württemberg,
- Durchführung eines Gemeindekongresses zum Thema WACHSENDE KIRCHE,
- Dokumentation und Verbreitung der Modelle und Projektergebnisse, Implementierung in den Kirchenbezirken der Evangelischen Landeskirche in Württemberg.

Die Referate zum Auftakt hielten Professor Dr. HANS-JOACHIM ECKSTEIN, Tübingen, Professor Dr. MICHAEL HERBST, Greifswald, und Prälatin GABRIELE WULZ, Ulm.

Projektmitarbeiterinnen und -mitarbeiter

Das Projekt WACHSENDE KIRCHE wurde zunächst durch eine „Ideengruppe" vorgedacht, zu welcher aus der 13. Landessynode Dekan ULRICH MACK (jetzt Prälat von Stuttgart), Pfarrer Dr. MANFRED ROHLOFF und Pfarrer JOACHIM STRICKER, aus dem Evang. Gemeindedienst Pfarrer FRIEDEMANN VON KELER (Gemeindeentwicklung und Gottesdienst), Pfarrer WERNER SCHMÜCKLE und Pfarrerin MAIKE SACHS (beide Missionarische Dienste), aus der Kirchenleitung Oberkirchenrat WERNER BAUR, Oberkirchenrätin ILSE JUNKERMANN, Oberkirchenrat HEINER KÜENZLEN, Kirchenrat MARKUS LAUTENSCHLAGER und ich gehörten.

Durch Beschluss des Oberkirchenrats wurde später aus der „Ideengruppe" eine Projekt- und Steuerungsgruppe WACHSENDE KIRCHE in teilweise veränderter Besetzung gebildet. Die Projektstelle (50%) wurde mit Pfarrerin MAIKE SACHS besetzt, zwischenzeitlich unterstützt durch Pfarrerin MAREN MÜLLER-KLINGLER (seit Sommer 2007 im Mutterschutz) und Pfarrer JOHANNES REINMÜLLER (je 25% im Projekt WK). Alle drei Stellen sind bei den Missionarischen Diensten angesiedelt. Die Projektleitung liegt im Oberkirchenrat bei Referat 1.3 „Publizistik und Gemeinde". Im Herbst 2006 wurde zudem eine Initiativ- und Vorbereitungsgruppe für den Kongress zum Thema WACHSENDE KIRCHE konstituiert, deren Leitung Pfarrer JOHANNES EISSLER, ebenfalls Missionarische Dienste, wahrnimmt.

Die wissenschaftliche Begleitung des Projekts leistet neben dem Institut zur Erforschung von Evangelisation und Gemeindeentwicklung an der Ernst-Moritz-Arndt-Universität in Greifswald seit September 2007 der Theologe Dr. HEINZPETER HEMPELMANN. Seine Aufgabe besteht unter anderem darin, zusammen mit dem Institut in Greifswald eine Untersuchung durchzuführen, welche empirisch erfasst, wie Menschen in unserer Gesellschaft sich dem christlichen Glauben annähern und zum Glauben finden. Erste Zwischenergebnisse dieser anspruchsvollen Untersuchung im Schnittfeld von Soziologie und Theologie, die später auch in anderen Gebieten Deutschlands fortgesetzt wird, werden auf dem Kongress in Stuttgart vorgestellt.

Projektziele

Im Frühjahr 2006 wurden die Projektziele (den vollständigen Text finden Sie unter *www.wachsendekirche.de*) an den größtmöglichen Verteiler der Landeskirche (Gemeinden, Bezirke, Einrichtungen) verschickt. Darin heißt es: *„Ziel des Projektes Wachsende Kirche (WK) ist es, den Glauben und die Zuversicht in den Gemeinden und Einrichtungen unse-*

rer Landeskirche zu fördern. WK soll Anstöße geben, wie Kirche wachsen kann in einer Gesellschaft, in der das Erwachen von Religiosität und Sinnsuche zu beobachten ist, trotz eines spürbaren Rückgangs an Mitgliedern, Mitteln und Ansehen.“

Das Projekt WACHSENDE KIRCHE soll
- ▦ ein biblisch fundiertes Selbstbewusstsein in den Gemeinden und Einrichtungen unserer Kirche stärken:
  - Kirche ist ihrem Wesen nach Leib Christi, geschaffen durch sein Wort und durch die Kraft des Heiligen Geistes. Darin hat sie ihre Würde und daraus schöpfen die Mitarbeiterinnen und Mitarbeiter samt allen Kirchengliedern Hoffnung und Zuversicht.
- ▦ das Wachstum der Kirche in ihrer Gestalt als Volkskirche fördern:
  - Möglichst viele sollen des eigenen Glaubens gewiss werden,
  - Sprachfähigkeit in Glaubensfragen einüben,
  - spirituelle Räume suchen, entdecken und schaffen, in denen Menschen zum Glauben kommen und im Glauben wachsen.

Die Gesprächsanregungen wurden gut angenommen, die Diskussion in den Kirchengemeinden setzte ein.

Gleichzeitig wurde zur Beteiligung in Form von lokalen Projekten und Erprobungen aufgerufen. Als Anreiz bot das Projekt die fachliche Beratung und Begleitung anstehender Aktionen an. Außerdem wurde bewusst nicht nur nach neuen Ideen oder innovativen Maßnahmen gefragt, sondern auch zur Rückmeldung hinsichtlich bewährter Modelle oder erfolgreicher Maßnahmen, die vor Ort geschehen, aufgerufen.

Eine der Maßnahmen des Projektes ist es, Initiativen, die in der Breite volkskirchlichen Lebens geschehen, zu dokumentieren und sie allen Interessierten zugänglich zu machen, *„dass viele an ihnen partizipieren“* (vgl. Ziele – WACHSENDE KIRCHE). Die mit diesem Band begonnene Buchreihe versucht unter anderem, diesem Anliegen nachzukommen.

Der Kongress am 11./12. April 2008 im Stuttgarter Kongress- & Kulturzentrum Liederhalle stellt einen herausragend wichtigen Meilenstein „mitten im Projekt", eine Art „Zwischenbericht" dar. Er nimmt die Funktion einer gegenseitigen Wahrnehmungs-, Kommunikations- und Begegnungsplattform ein, dient zudem der „Sichtung" und „Multiplikation" der ersten Projektergebnisse in die Bezirke hinein.

Themenfelder, Themenschwerpunkte

Eine erste Hürde im Projekt bildete aufgrund sehr unterschiedlicher Vorstellungen die Festschreibung der Themenschwerpunkte.

Schließlich hat sich die Projektgruppe auf fünf Themenfelder verständigt, welche einerseits unsere Landeskirche in ihrer „volkskirchlichen" Ausrichtung ernst nehmen und andererseits den spirituellen Aspekt des Projekts betonen. Denn zum Wachstum gehören nicht nur *quantitative*, sondern auch *qualitative Aspekte*:

„*Eine Kirche, die das Wachstum will, wird darauf hinarbeiten, dass ihre Glieder des eigenen Glaubens gewiss werden und die Sprachfähigkeit in Glaubensfragen einüben. Sie wird spirituelle Räume suchen, entdecken und schaffen, in denen Menschen zum Glauben kommen und im Glauben wachsen.*" (vgl. Ziele – WACHSENDE KIRCHE)

Folgende Überschriften dienten der Strukturierung des Projekts:
- Attraktiver Erstgottesdienst
- Wiedereintritt in die Kirche
- Schule als Lebens- und Glaubensraum
- Wie Menschen (wieder) zum Glauben kommen
- Glaube im Alltag leben

Bei einer offen ausgeschriebenen „Theologischen Konsultation" (22. Juli 2006) mit ca. 50 Personen wurden diese Themen erstmals erörtert und präzisiert. Inzwischen liegen auch aus mehreren lokalen Erprobungen erste Ergebnisse vor. An fünf Orten liefen diese Erprobungen unter dem Titel „Gemeinde kann wachsen". Spätere Erprobungen behandelten Entwicklungen rund um den Hauptgottesdienst (Neuenstadt, Ingelfingen, Reutlingen-Oferdingen), das Zusammenwachsen von Gemeinden und neue Wege einer missionarischen Ausrichtung von Gemeinde (Distrikt Neuffener Tal), die Kommunikation innerhalb der Gemeinden und nach außen Seelsorgeschulung (Murrhardt), die Profilbildung in einer Stadt am Beispiel der Öffentlichkeitsarbeit (Schorndorf), Glaubenskurse und Sprachfähigwerden von Gemeinde über den *Emmaus-Kurs* (Kirchenbezirk Bernhausen), die geistliche Leitbildentwicklung (Merklingen), die Kooperation von Gemeinde und Schule (neues Gemeindehaus Rielingshausen), die Familienarbeit (in Vernetzung mit dem Bildungsdezernat der Landeskirche) und einen Neuanfang in der Jugendarbeit (Onstmettingen).

Weitere Themenfelder sollen innerhalb des Projekts bis zu seinem Ende 2009 zusätzlich aufgegriffen werden. Für den Kongress wurden deshalb auch Themen aus der Diakonie, der Kirchenmusik und der Kunst aufgenommen, denn gerade diese Handlungsfelder greifen weit über den Bereich der Kirchenglieder hinaus. Überraschend viele Gemeinden, Bezirke und Einrichtungen haben im Vorfeld des Kongresses ihr Interesse angemeldet, eigene Erfahrungen und Modelle im Seminarbereich und auf dem „Markt der Möglichkeiten" vorzustellen (über 160 verschiedene Anmeldungen).

Für den Kongress wurden die fünf Themenfelder nochmals neu gefasst:

- Gott feiern und bezeugen,
- Glaube entdecken und vertiefen,
- Menschen einladen und begleiten,

- Gesellschaft verantworten und gestalten sowie
- Gemeinde entwickeln und leiten.

Interessant ist in diesem Zusammenhang auch die Frage, wie Kirche wächst durch Konzentration und Delegation, durch das Zurückschneiden von Verpflichtungen und Erwartungen sowie durch die daraus resultierende *Entlastung* der Mitarbeitenden. Die Wirtschaft kennt dafür den Begriff des *Negativwachstums*, in der Kirche liegen darüber kaum Erfahrungen vor.

Die Projektleitung hofft und erwartet, dass das Projekt „Wachsende Kirche" auf verschiedenen Ebenen der Landeskirche ein *geistliches Nachdenken* anstößt. Möglichst vielen soll bewusst werden, dass die Zukunft der Kirche unter der Verheißung des Wachstums steht.

HANS-JOACHIM ECKSTEIN begann 2004 sein Auftaktreferat in der Stuttgarter Stiftskirche mit den Worten:

„*Lasset uns aber wahrhaftig sein in der Liebe und wachsen ... dass der Leib wächst und sich selbst aufbaut in der Liebe. Epheser 4,15-16 ist programmatisch zu verstehen. Wachstum ist der Gemeinde Jesu Christi, respektive seiner Kirche, verheißen. In diesem Sinne ist der Projektname* WACHSENDE KIRCHE *einerseits ... provokativ und befremdend, andererseits aber zugleich ... herausfordernd und unumgänglich.*"

Ich wünsche mir, dass diese Buchreihe, die bewusst den Titel des Projekts trägt, neben einer notwendigen Provokation und Herausforderung dazu dient, Ermutigung und Zuversicht auszubreiten, wie wir sie von Anfang an im Projekt erlebt haben. Die Bände sollen über unsere ersten Erfahrungen hinaus Ideen und Anregungen verbreiten, die das Wachstum der Kirche Jesu Christi aus unterschiedlichsten Perspektiven bedenken, bezeugen und dazu ermutigen, eigene Erfahrungen mit der selbst wachsenden Saat zu machen (vgl. Markus 4,26-29).

„Wachsen gegen den Trend" – das ist möglich. Wachstum geschieht in aller Regel leise und unspektakulär. Wer sät, braucht Geduld und Vertrauen. Das Projekt soll *keine zusätzliche Belastung* werden, sondern dient der *Ermutigung in der alltäglichen Arbeit.* Dieses Ziel haben wir uns gesteckt und diesem Grundton fühlt sich die Projektleitung auch bei dieser Buchreihe verpflichtet.

Hans-Joachim Eckstein

CHRISTUS IN UNSERER MITTE

Wie Glaube und Gemeinde
wachsen können

80 Seiten, Paperback,
ISBN 978-3-7655-1420-3

In der Reihe „Kirche lebt – Glaube wächst" der Initiative „Wachsende
Kirche" der Württembergischen Landeskirche legt Hans-Joachim Eckstein mit diesem Buch den Grund für echtes Gemeindewachstum: In
der „Ich"-zentrierten Gesellschaft von heute erinnert er an die Grundlage des persönlichen Glaubens: die „vorraussetzungslose, aber folgen-
reiche Beziehung zu Christus".

In einer Zeit, in der alles machbar erscheint, führt er das Bild vom Leib
Christi, seinem Haupt und seinen Gliedern, vor Augen, mit dem im
Epheserbrief die Gemeinde beschrieben ist. Aus der Beziehung zu Chris-
tus ergibt sich eine in jeder Hinsicht wachsende Gemeinschaft, die
Auswirkungen auf ihre Umwelt hat.

BRUNNEN VERLAG GIESSEN
www.brunnen-verlag.de

Heinzpeter Hempelmann

Nach der Zeit des Christentums

Warum Kirche von der Postmoderne
profitieren kann und Konkurrenz
das Geschäft belebt

176 Seiten, Paperback,
ISBN 978-3-7655-1431-9

Die heutige postmoderne Zeit bietet nicht nur eine Wahrheit, sondern
viele. Zentraler Auftrag von Kirchen und Christen ist es daher, in dieser
„haltlosen" Welt zu vermitteln, dass Christus die einzige Wahrheit ist.
Wie kann das heute gelingen – angemessen, glaubwürdig und bezogen
auf die Fragen der Menschen? Welche Gestalt braucht die Kirche, um
postmoderne Menschen zu erreichen und sie für Christus zu gewinnen?
Welche Möglichkeiten und Chancen liegen für die Kirchen im plura-
listischen „religiösen Markt"?

Heinzpeter Hempelmann, wissenschaftlicher Mitarbeiter beim Projekt
wachsende Kirche und Mitarbeiter am Institut für Evangelisation und
Gemeindeentwicklung in Greifswald, hat jahrelang über die Postmoderne geforscht und gibt auf diese Fragen kompakt und kompetent
Antwort.

BRUNNEN VERLAG GIESSEN
www.brunnen-verlag.de